協働を活かす
"アウトカム重視" のチーム対話

全員で創り上げる多様な意見がかみ合い、深まる対話の進め方

（株）アリエールマネジメントソリューションズ

矢代　隆嗣

公人の友社

協働を活かす
"アウトカム重視"のチーム対話
全員で創り上げる多様な意見がかみ合い、深まる対話の進め方

目　次

はじめに

【ねらい】

「チーム対話の質を高める」

　複雑化している地域の問題を解決するために多様な人材による協働が期待されています。協働による効果はチームの意思決定プロセスにおける「チーム対話の質」が大きく影響します。本書は、地域の問題を解決した経験が少ないメンバーが集まった協働において「チーム対話の質」を高めるための考え方・進め方・手法を提案しています。本書では協働によるチーム内での意見交換を"チーム対話"と表現します。

「成果を生み出す"手順・視点"を活かすチーム対話に向けて」

　実務者向けに著した『実務家のための"アウトカム重視"の政策立案と評価』では、政策形成において陥りやすい落とし穴を避け、実効（効果・実現）性ある政策立案とステークホルダーに承認される説明に活用できる方法（問題起点の手順・視点・手法）を提案しました。

　地域問題を解決する取り組みである政策形成は、個人ではなく、チーム単位が基本です。本書は『実務者のための"アウトカム重視"の政策立案と評価』で提案した方法を活かし、チームとして最善の意思決定・合意形成に向け、メンバーひとり一人の強みを活かしながら、相乗効果を生み出し「チーム対話の質」を高めるための提案です。

【問題意識】

「地域の問題解決におけるチーム対話の現状」

　本書が対象としているのは、地域の問題解決を目的としたプロジェクトの成果（アウトカム）に影響するチーム対話です。例えば、地域問題の解決に向けた対策（政策）を立案するプロジェクトにおけるチーム対話では、多様なメンバーひとり一人が想い・意見を持ち寄り、建設的な意見交換を通じた最善策の意思決定・合意形成が期待されています。しかし、現状、様々なプロジェクトチームでは建設的な対話が行われていないことが報告されています。結果、何も決まらない対話が繰り返されたり、誤った意思決定をしてしまうなどにより問題解決が放置されています。この背景にはチーム対話の進行上の不十分さだけではなく、そもそも参加メンバーひとり一人のチーム対話への姿勢や能力にも問題があることも指摘されています。

「参加メンバーひとり一人の取り組みの重要性」

　問題解決に向けて効果的・効率的なチーム対話を行うには、集団ゆえにチーム対話の過程や結論に影響する要因を回避、予防、最小化しなければなりません。会議、ミーティングにおける課題に関する文献の多くは、進行役（プロジェクトリーダーやファシリテーター）の役割や活動ポイントが提案されています。しかし、本書ではプロジェクトの目的である問題解決実現への当事者として、チームメンバーひとり一人の対話への関わり方を重視しています。

　その理由は、チーム対話の運営をプロジェクトリーダーやファシリテーターに依存する受け身姿勢ではなく、全員が積極的に参

画することが効果的（目的に適した成果）、効率的（短い時間）なチーム対話を生み出し、それが成果（アウトカム）実現に大きく影響するからです。また、多くの地域、組織においてはチーム対話を効果的・効率的に展開できるプロジェクトリーダーやファシリテーター役を担える人材が限られているという現実もあります。さらに地域の問題解決型プロジェクトのチーム規模は大きくなく、対話への全員参加や役割の持ち回りが必要という状況に対応するためでもあります。

【本書を活かして欲しい実務者】

「地域問題を解決するプロジェクトメンバー」

　本書を活かして欲しい実務者は、地域の多様な問題の解決を目的としたプロジェクトに参加する自治体、NPO、市民団体などの非営利組織の職員、また社会課題に取り組む民間企業の方々です。特に、これから多様な人材からなるプロジェクトチームのメンバーとして答えを創り上げる地域の問題解決に取り組む方々です。

　多様な人材が持つ考えやアイデアを持ち寄り、建設的なチーム対話を通じた意思決定は複雑化している地域の問題解決に有効と期待されています。しかし、地域の問題解決に意欲はあっても、主体的に考え、自分の意見としてまとめ、チーム内で建設的な意見交換を通じて意思決定することに苦手意識を持ち、何を、どこから進めていいのかを明らかにできないメンバーが少なからずいます。こうしたメンバーはチーム対話において「言いたいことが伝わらない」、「そもそも言いたいことがまとまらない」などの不安感を持っているとともに、その活動は自己流で、場当たり的な対応が見受けられます。本書はこうしたメンバーの意識・行動を変える考え方・方法を提案しています。

「意識・活動の質を変えた要因」

　本書を執筆する背景の１つである筆者が関わった多種多様なプロジェクト、プロジェクト型人材育成においても、こうした苦手意識を持ち、自己流で進める参加メンバーを見てきました。しかし、プロジェクト過程を通じて大きく変化・成長した参加メンバーも多く見ています。本書の提案には、そうした参加メンバーの変化・成長を促した背景にある"変化要因"を標準化して組み込んでいます。読者の皆さんには、それらを実践で活用していただきたいと考えています。

【本書の提案内容のベース・背景】

「チーム活動へのサポートやメンバーとの語り合い」

　本書の内容は、筆者が関わった様々なプロジェクトやプロジェクト型人材育成における多種多様なチーム活動へのサポートを通じたメンバーとの語り合いやメンバーへのアンケートなどをベースにしています。例えば、多様な部門からのメンバーで構成された自治体でのプロジェクトリーダー、様々な委員会での委員長や委員、NPOと行政の協働事業の調査研究、政策研究を行うプロジェクト型人材育成での講師、そして、民間企業での多種多様なプロジェクトなどです。なお、プロジェクト型人材育成については「はじめに」の最後に【政策研究プロジェクト（プロジェクト型人材育成プログラム）の概要】で説明しています。

「チーム対話と成果物の質をより良くする要因」

　多種多様なプロジェクト、プロジェクト型人材育成に参加した経験から言えることは、当初はチーム内で意見がかみ合わない、

　また、なかなか期待される成果物が生み出せないチームであっても、一定のサポートにより最終的に「チーム対話や成果物の質」に大きな変化が起きることです。"変化をもたらした要因"はチームの状況別に異なりますが、そこには"共通の傾向"があります。それらを標準化し、本書での提案（考え方、方法、ツール）に組み込んでいます。

　チーム対話と成果物の"変化"については、変化していく成果物が保存されていることと、チーム別の活動経過の観察により変化過程を確認・共有することで整理できます。また、メンバーと活動中や活動後の「振り返りミーティング」での語り合いや、メンバーとの接触が多く、チーム別の活動を観察し、生の声を聴いている立場である事務局との意見交換からも変化の背景を確認・共有することができます。

　こうした内容にもとづく本書の提案内容をプロジェクトやプロジェクト型人材育成プログラムに参加するメンバーが活用することで、チーム対話の質を高め、問題解決に役立てていただきたいと望んでいます。

【本書の構成】

　Ⅰ編「チーム対話の期待と実態」では、1章で、集団による対話から期待される効果とともに、集団での対話ゆえに生じやすい問題を整理します。その上で、2章では、よく見受けられる集団による対話（会議、ミーティング）での実態とその影響をまとめています。

　Ⅱ編「残念な結果を生む対話の実態とその背景」では、3章で、残念な結果となっている対話とは、どのような内容であるのか、そこでは、何が起きているのかを確認しています。4章では、残念な結果を生み出す対話で起きていることの背景にあるものを整理しています。

　Ⅲ編「残念な対話に影響している4つの要因の深掘り」では、残念な対話で起きていることの背景にある主な4つの要因について5章から8章で深堀りしています。そして、Ⅳ編「残念な対話が克服すべき課題」では対話の目的実現に向けて、「意見がかみ合い、深まる対話」を実現するために克服すべき課題について9章と10章でまとめています。

　Ⅴ編「成果を出せるチーム対話に変わる」では、チームを対象とした課題を克服する対策を11章から13章で提案しています。また、Ⅵ編「チーム対話に貢献する参加メンバーに変わる」では、参加メンバーが対話に貢献するためにひとり一人の活動を変える具体的な方法を14章から16章で提案していきます。

図表はじめに－1　本書の構成

Ⅰ編　チーム対話の期待と実態
1章　チーム対話の期待と現状
2章　残念な結果とその影響
【事例1：残念な結果となる対話】

Ⅱ編　残念な結果を生む対話の実態とその背景
3章　残念な結果となる対話で起きていること
4章　意見がかみ合わない、深まらない対話の背景

Ⅲ編　残念な対話に影響している4つの要因の深堀り
5章　なぜ、発言者の言いたいことが伝わらないのか
6章　なぜ、聴き手は発言内容を理解できないのか
7章　なぜ、意見がかみ合わない、環境が整わないのか
8章　なぜ、問題解決に大切な項目が共有できないのか

Ⅳ編　残念な対話が克服すべき課題
9章　チーム対話の過程（プロセス）上の課題
10章　チーム対話に参加するメンバーの課題

Ⅴ編　成果を出すチーム対話に変わる
11章　「自分の意見（考え）」が聴き手に伝わる発言者になる
12章　発言内容を理解できる聴き手になる
13章　意見がかみ合い、深まる対話環境にする
【事例2：対話環境をつくる】

Ⅵ編　チーム対話に貢献する参加メンバーに変わる
14章　「自分の意見（考え）」を創り出す
15章　計画的・自発的な活動をする
16章　問題解決の質を高める
【事例3：問題解決に向かっていく対話】

【政策研究プロジェクト
（プロジェクト型人材育成プログラム）の概要】

　政策研究プロジェクトは、本書を執筆する背景の1つであるプロジェクト型人材育成のプログラムです。当プログラムは、「政策形成能力を開発する」とともに地域の問題解決（アウトカム）に大きな影響を与える「チームとしての協働活動やメンバーひとり一人の活動の質」を高める能力を開発・強化する機会となっています。組織がこのような機会を設けるのは、地域に求められる政策形成能力の開発・強化が個々の職場では困難な環境であるとの認識からです。

　本書では政策研究プロジェクトにおいて「チームとしての協働活動やメンバーひとり一人の活動の質」が向上した背景にある要因を標準化し、提案に組み込んでいます。以下で政策研究プロジェクトの概要を述べていきます。

（1）政策研究プロジェクトとは

　「政策研究プロジェクト」は、自治体によって名称は異なりますが、地域の政策形成人材を育成するために職員がチームを形成し、地域が直面する放置できない問題について政策提言を行うプロジェクトです。まず、具体的な問題設定からはじまり、問題に関する分析とともに既存政策を踏まえて対策（政策）を策定し、最終的に首長、幹部に提言するプレゼンテーションと質疑応答を行います。その後、チーム別に研究活動の振り返りを行い、実践

へつなげる約 6 から 10 か月の期間で行うプロジェクト型人材育成プログラムです。

（2）政策研究プロジェクトの背景

　　地方分権化により自治体がその地域特性を活かし、独自のまちづくりを主体的に行うための環境が整備されましたが、それまで地域独自の政策形成の機会が少なかったことから職員の政策形成能力の開発・強化が求められています。かつ、地域経営では多様な地域主体の参画による協働の政策形成プロセスの効果的、効率的な展開が求められていることから「協働の政策形成プロセスをマネジメント（舵取り）できる政策形成人材の育成」が経営課題となっています。

　　政策形成人材とは、㋐地域の問題解決に向け、㋑多彩なステークホルダーとの協働において、㋒問題設定、対策立案、実施・評価という政策形成プロセスを、㋓成果（アウトカム）実現へ向けて効果的・効率的にマネジメントする人材です。

（3）目標

　　基本目標は、①地域の問題解決に効果的・実現可能で、ステークホルダーに承認される政策を創り上げるプロセスを通じて、②一人ひとりの政策形成能力を開発・強化し、③実践に活かすことです。また、プロジェクト期間の目標は、①地域が直面する " 放置できない問題 " を解決するために、②" 効果的・実現可能な対策 " を立案し、③その内容をステークホルダーと " 共有する " ことです。

（4）政策研究プロジェクトの進め方

1）基本方針
　政策研究プロジェクトでは、各チームが主体的にテーマを決め、情報を集め、考え、政策を創り上げ、表現し、説明を行います。

2）重視すること
　政策形成上の課題とされている「手段ありき」、「一般論的なまとめ」、「根拠の質が弱い」、「経験や直感に基づく提案」を回避するために当プロジェクトでは、①問題起点の手順、②内容の質を高める３つの視点(問題の重大性、対策の効果性・実現性)、③質の高い根拠に基づく提案を重視します。特に、"手段ありきの立案"を回避するために、「具体的な問題設定」、「分析」、「既存事業の評価」を適切に行うことを通じて実効性がある内容に仕上げるとともに、ステークホルダーからのに承認をめざします。
　現状、課題とされている"手段ありきの政策立案"となってしてしまう背景には、問題設定、分析、そして既存事業の評価を適切に行える人材が限られているとの指摘があります。よって、当政策研究プロジェクトはそれらを行える人材を育成する機会とも言えます。

3）基本的な進め方
　基本的な進め方は、まず導入研修で政策形成の基礎知識を習得した後、各チームがまとめた政策について中間報告と質疑応答を行います。チームの主体的活動が中心ですが、随時、講師とチーム別意見交換を行います。意見交換から引き出された気づきをもとに各チームが見直しを行いながら成果物を改良し、創り上げて

いきます。このサイクルを繰り返すことで提案内容の質を高めるとともに、メンバーの能力を強化します。

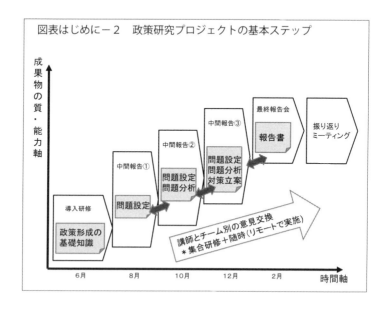

図表はじめに－２　政策研究プロジェクトの基本ステップ

４）体制

　事務局は人材開発担当が担います。自治体によっては企画課や行政改革課が導入段階で市のビジョンや課題について総合計画や地方創生戦略等を使い、説明します。また、多くの最終報告会に首長・幹部が参加しますが、自治体によっては首長が導入時に政策課題について基調講演を行うところもあります。こうした取り組みはメンバーを動機づける機会になっています。

　このようなプロジェクト型人材育成プログラムは、かつて多くの自治体で行われていたと聞きます。筆者がある自治体の政策評価制度導入プロジェクトに関わった際、メンバーに中には、その経験を持つ課長補佐、係長クラスの人材がいました。成果（アウトカム）実現をめざして根拠に基づく政策立案・評価の重要性を

理解しており、このような人材がいる組織に改めて制度などを導入する必要はないと当初は思いました。しかし、そうした人材は極めて限られていることを徐々に実感するとともに、そこに当プログラムの廃止が影響していることも理解しました。こうした経験からも地方分権化が各地域に地域独自の政策形成を担う人材を必要としていても、各職場での育成に限界がある中、政策研究プロジェクトなどプロジェクト型人材育成の取り組みが必要な地域・組織は多いのが実情です。

（5）到達点

1）成果物・活動の質

政策研究プロジェクトの到達点は、「政策形成面」では、問題起点による成果（アウトカム）実現に向けた実効（効果・実現）性のある政策が立案されることです。立案される政策は、自ら集めたデータを分析した結果と、関連する既存事業の評価から導き出した政策に対して、実施上のリスク回避策を含めた内容に成果と費用の見積りが示され、地域に適した推進体制と実施スケジュールなどで構成されます。

これらについて、㋐全体のつながり、㋑３つの視点（問題の重大性、対策の効果性・実現性）、㋒根拠の妥当性・信頼性を再三、確認しながら仕上げられた最終的な立案内容は、ほとんどのチームが陥っていた当初の「手段ありき、アウトプット重視、根拠が弱い提案」から大きな変化を見せます。

また、「チーム活動面」からは、チームビルディングに苦労していた当初に比べ、チーム内コミュニケーションが活発化するとともに活動を分担し、活動の計画化と進捗管理を行ないながら生産性の高いチームワークを実現するなどチーム内の協働について

も大きく変化します。

２）政策形成に必要な能力面

　上記のような立案過程を通じて政策形成に必要な能力として㋐成果（アウトカム）重視の問題解決スキル、㋑論理的思考、㋒情報リテラシー、㋓情報共有化コミュニケーションスキル、㋔説明責任のコミュニケーションスキル、㋕プロジェクトマネジメントスキルが開発・強化されます。

３）メンバーひとり一人の変化

　上記のような成果を生み出す背景にはメンバーひとり一人に次の２つの変化があります。１つは、手段・アウトプット発想から目的・アウトカムを重視した取り組みへの変化です。具体的には"手段ありき"から"問題起点"の政策形成です。当初は他チームの提案が「手段ありきであること」や、「提案に根拠が乏しいこと」を指摘できても、自分自身も「手段先行」であることには気づけません。しかし、プロジェクトが進むにつれて、自分が手段先行であったことを自覚し、それを回避し、問題起点、分析重視の取り組みの重要性を理解し、その方法を習得していきます。

　もう１つは、ひとり一人が目的に沿って、主体的に考え、まとめ、表現できるようになっていくことです。業務経験が豊富であっても、当初は苦手意識を持っているメンバーが多く、チーム対話に向けて、自分の考えがまとまっていないメンバーが少なからずいます。しかし、プロジェクトを通じて、ひとり一人が目的に沿って主体的に考え、完成させた成果物を持ち寄ることでチーム対話の質が向上し、それが成果（アウトカム）に結びついていきます。

　この２つの変化は、"地域独自の答えを創り出す"政策形成を支えるものであり、今後、現場での発揮が期待されます。また、

現在、職場・地域にいる手段ありきの発想や受け身姿勢に慣れている人たちに気づかせ、変化を起こさせることもメンバーに期待されます。

4）その他

　当政策研究プロジェクトを継続している自治体では次のような報告もあります。①提案内容の新規事業化、②提案メンバーが提案内容を担当部門で推進するために異動、③提案内容を担当課へ情報提供、④受講生による職場変革の推進、⑤新たなチーム活動への支援など開発・強化された能力を活かしています。また、⑥なかなか承認されなかった国への提案がプロジェクトのアプローチを活用することで承認されたなどの報告もあります。一方で、残念ながら開発された能力を発揮する機会を与えていない組織も見られます。

（6）成果の質を高め、能力を開発・強化するための仕掛け

1）チーム別中間報告

　導入研修では基本的な知識の理解とその実践化への事例演習を行いますが、基本は各チームが主体的に活動し、適時、中間報告での発表と質疑応答を繰り返します。中間報告は他のチームからの質問やアドバイスにより自分たちでは気づかなかった不十分な点を互いに補い、学び合い、提案内容を改良する機会となります。また、中間報告は最終報告を想定し、質疑や指摘への対応準備も重視しています。

2）「語り合い」を通じたサポートの役割

①サポートの位置づけ

　地域の問題解決に向けて、答えを創り出す取り組みである政策研究プロジェクトはチームの主体的活動が大前提です。ただし、今まで定型的な業務を担当してきたメンバーの中には職場、経験、年齢が異なる人たちとチームを組みながら進めることへの不安感などから次のような状況に直面します。

　まず、何を、どこから進めていいのか明らかにできないことが個人、チームで生じます。また、よく見受けられるのは導入研修では基本的知識や手順を理解し、それを確認するケーススタディでは的確に回答できていても、チーム研究がはじまると手段ありきの提案になってしまうか、思考停止になってしまうことです。そこでチーム別に講師との「語り合い」が主体的な活動のサポート機能を果たします。

②チーム別「語り合い」

　政策研究プロジェクトの主たる目的は、報告書を作成し、最終報告会でのプレゼンテーションをすることではなく、実務で活躍できる政策形成人材を育成することです。この目的のための政策研究プロジェクトが重視するのは、地域の問題を解決できる"政策を創り上げるプロセス"です。そのプロセスで良い体験をしてもらうのがサポートの主な目的です。プロセスでの良い体験が、地域に役立つ政策立案には「何が大切か」を習得し、実践での応用に活かせるからです。

　サポートの内容は、講師が知識や手法を押し付けるのではなく、主体的活動を促進するために「語り合い」を通じて不十分な点に

ついての気づきを引き出し、次の活動につなげることです。そして、各チームが気づいた点は次の中間報告で反映されます。こうした自らが気づき、修正しながら内容を改良し、仕上げていく体験は、能力開発だけではなく、正解のない答えを創り出す取り組みに自信を持ち、自己肯定感を高めることになっています。

③サポートによる変化
「成果物と活動の質の変化」

　まず、㋐成果物の質が向上します。全体としてのつながりがでてきて、問題の重大性、対策の効果性・実現性が伝わってきます。そして、質の高い根拠に基づいた政策になってきます。

　次に㋑チーム活動の生産性が向上します。一定の品質を持った成果物をより短い時間で作ることができるようになります。そして、㋒講師との「語り合い」において目的的な意見交換ができてきます。講師からの質問や指摘に対しては自分たちの考えを根拠に基づいて回答するなど、意見がかみ合うようになります。

　講師との語り合いでは、㋐の背景も語られます。以前は成果物を作成した段階で完了としていた内容に対して、まず、気になる部分があることに気づくことです。そして、気になる部分の改良を行うようになったことなどが語られます。

　成果物を作りっぱなしにせずに、目的的に内容を吟味し、改良を繰り返すことで成果物の質を向上させています。そして、成果物が改良されていく中でメンバーの表情や声のトーンなども明るくなり、自信を持った発言になってきます。

「チーム活動の分担・計画化」

　当初はチーム活動の分担や活動の計画化も曖昧であり、特定のメンバーに作業が偏っていたチームでも、徐々に具体的な作業分

担と納期を明確にした計画を立て、進捗管理を互いに行うようになります。こうした取り組みにより、ひとり一人が分担した作業・活動を一定レベルの品質で仕上げて、打ち合わせに持参するようになるとともに、チーム活動の生産性が向上し、成果物の質の向上に大きく貢献します。

　このような成果物の質の変化や、それに影響するメンバーひとり一人、そしてチームとしての活動の質の変化は、目的を実現するためには、「㋐何が必要」で、そのためには、「㋑どのような活動が有効なのか」を学習し、実践を通じて、その効果を実感したことが背景にあります。

3）振り返りミーティング

　政策研究プロジェクトでは、最終報告後にチーム別に活動の「振り返りミーティング」を行っています。せっかく時間をかけて良い体験をしても、気づきや自覚が少なければ、体験を実践に活かせません。研修等で見られる"やりっぱなし"を避けるためにも「振り返りミーティング」で講師と語り合うことは有効です。

　実際、振り返りでの語り合いからは、ほとんどのメンバーが体験を通じて自分自身やチーム活動の質の変化を自覚しています。その変化が成果に影響したことが語られます。うまくいかなかった経験も踏まえ、地域の問題解決に向けて政策を立案することや、説明することをチームで行う際の"大切な考え方"、"進め方で重視すること"、"役割分担と協力の重要性"などを習得したことが語り合いから伝わってきます。それらを講師、事務局と確認し、その重要さを共有することで、改めてひとり一人が実感し、自覚することになります。こうした自覚が今後の実践に活かされることにつながります。

このように「振り返りミーティング」は、体験を棚卸し、自己評価を第三者と確認することで実践につながることからも体験型人材育成プログラムでは極めて重要な取り組みとなっています。

（7）政策研究プロジェクトを活かす

1）地域問題解決に活かす

　政策研究プロジェクトにおけるチームからの提案は、現場・現地でチーム自らが収集した今まで存在していない一次データや、その一次データを活用した分析に基づいた政策提言であり、担当部門で実施されている既存事業とは差別化された政策です。つまり、従来から行っている対策では、未だ解決されない地域問題を解決する機会を生み出しています。また、その提案に伴って内部の組織・業務構造を変革する必要性も課題として挙がってきますので、組織改革・業務改革を進める機会にもなります。

　こうした地域、組織、事業・業務の変革機会を逃さずに報告で終わるのではなく、チームからの提案をさらに磨き上げ、実践していくことが組織に求められています。

2）組織内の人材開発へ活かす

　政策研究プロジェクトで育成された人材は、住民参画・協働型地域経営に必要な能力を習得しています。チームで実効性ある政策を創る体験で習得した能力を今後、実務で発揮し、さらに強化する機会を提供することが組織に求められています。

　従来からの人材活用の仕組みを踏襲していては、せっかく習得した能力を職場で活用する機会がない場合、周りに影響されるなどして開発された能力が活かされないことになりかねません。また、開発された能力をメンバーが多様な機会に活かして発揮する

ことは他の人材を育成することになります。

３）政策立案の手順・視点を各部門の政策立案に活用する

　『実務者のための"アウトカム重視"の政策立案と評価』では
政策立案において経験と直感を重視するなど根拠が乏しいことや
手段ありきの立案など、現状、指摘されている政策立案・評価の
課題を確認しました。また、課題を認識しながらも解決が進まな
い組織の現状も報告されています。

　政策研究プロジェクトが重視している現場のデータ・分析結果
に基づき、筋道立てて立案し、説明することは現状の課題克服に
有効です。こうした取り組みは、多くの部門での政策立案・評価
にも求められています。政策研究プロジェクトのアプローチ・手
法を各部門が実践することは、従来のアウトプット型政策立案・
評価からアウトカム重視の政策立案・評価へ変わる機会です。そ
の機会を活かすことが組織に求められています。

Ⅰ編　チーム対話の期待と実態

　Ⅰ編では、チーム対話への期待と実態を整理します。1章では集団による対話（会議、ミーティング）に期待される"多様な意見を補い合うことによる最善の意思決定"の一方で、集団での対話ゆえに生じやすい課題を整理します。その上で、2章では集団による対話の残念な結果と、その影響を確認します。

1章　チーム対話への期待

1．集団による対話に期待される効果

　　集団による対話からもたらされる基本的な効果として次の6つが挙げられます。

①最善の意思決定

　　参加しているメンバーからの多様な意見を補い合うことで、目的に適した最善の意思決定が期待できます。

②創造的・革新的アイデアの創出

　　多様な意見が互いに触発し合うことで創造的、革新的な新たなアイデアや知恵の創出が期待できます。

③実現性の向上

　　対話のテーマが問題解決における対策立案の場合、参加メンバー間の意見交換を経て、合意形成された対策案であれば、実施しやすく実現性が高くなります。また、実施段階で計画通りに行かない場合にも、その原因が把握し易いため、速やかに改善できることも実現性を高めることになります。

④個人の限界を集団で補完

　　対話では、参加者ひとり一人が自分の意見を持ち寄ることが求められますが、自分の意見を組み立てる過程では誤りや思考の偏

り（バイアス）に気づけないことがあります。しかし、集団による対話が個人の誤りや不足などを補完する機能が働きます。

⑤チームビルディングの形成

　対話を通じて参加メンバー同士の理解が進み、信頼関係を醸成でき、協働の基盤を構築できます。こうしたチーム内の良好な関係性は、ひとり一人を動機づけるとともに目的実現へチームとしての一体感を持たせることになります。

⑥学習と能力開発

　多様な情報を共有し合うことにより短期間でチームとしての学習ができます。この学習過程はメンバーの経験差、知識差を縮めるとともに、コミュニケーションなどの多様な能力向上につながります。

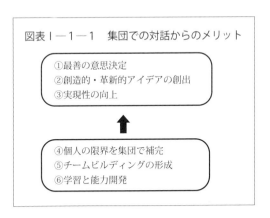

図表Ⅰ－1－1　集団での対話からのメリット

　上記①～③が対話から期待される目的に対する期待成果であり、④～⑥は、①～③の期待成果に影響を与える集団による活動成果と言えます。

２．チーム対話の懸念事項

　　チーム対話はメンバーひとり一人の強みを引き出し、相乗効果を生み出し、対話目的の実現に大きなメリットがある一方で、多様な人々が集まることで生じるコストや複雑さへの対応などの課題があります。また、個人であれば回避できた誤りに集団では陥ってしまう場合があるとの指摘があります。例えば、発言力が強い人に影響され、反対意見が押さえられることで、意見が偏ってしまい、結果的に誤った意思決定をしてしまうことです。さらに集団が、その決定を守ろうと外部からの意見を受け付けず、誤った決定が独り歩きしてしまう危険性もあると言われています。

３．効果を出すチーム対話に求められる条件

　　集団による対話からもたらされるメリットを得て、デメリットを回避・最小化するための条件について、①集団体制面、②対話過程面、③参加者面から整理すると以下の通りとなります。
　　まず、①集団体制面では、多様な意見を補い合うためには、チームが年齢、性別、所属、専門性など多様性を持ったメンバーで構成されていることです。また、参加メンバーは、個々に独立していることも重要とされます。互いに影響し合うことがない人たちが集まっていることが必要です。
　　②対話過程面では、多様な意見を補い合うためには建設的な意見交換が求められます。よって、常に目的を拠り所に、全員が公平な発言機会を与えられ、建設的な意見交換が行なえる環境・プロセスで進めることです。例えば、対話マナーが周知・徹底されることなどが挙げられています。

　③参加者面では、参加するメンバーは、目的意識、当事者意識を持っていることです。また、対話では、自分の言いたいことが理解されるように伝えることができるとともに、他のメンバーの意見を理解できることが求められます。

　こうした条件が整えられ、維持されることでチーム対話から最善の意思決定と合意形成が導かれるとされています。よって、対話を行う際には、こうした条件を満たす企画を行うとともに、条件を満たせる対話を実施していくことが必要です。しかし、メリットを得られていない会議・ミーティングの実態が報告されています。

2章　残念な結果とその影響

1．対話の残念な結果

　対話の残念な結果とは、「㋐意思決定できない（何も決まらない）」ことや、「㋑意思決定した内容の質が良くない（目的に適していない内容）」状態で終わってしまうことです。そして、たとえ意思決定ができたとしても「㋒決定内容に対して全員が納得していない（合意形成できない）」場合も残念な結果と言えます。一方、このような結果にもかかわらず、膨大な時間・コストがかかっています。

　問題解決の対策立案のための対話においては、㋐は「対策が決まらない」状態であり、納期内にステークホルダーへの報告はできません。また、㋑の場合、もし「決めた対策に実効性がない（対策の実現性が低く、絵に描いた餅になるような案）」内容であれば、ステークホルダーに報告しても承認されません。さらに時間とコストが発生します。

　こうした状況に不満をもらしている参加者の中には、会議やミーティングが長引いていることの原因を互いに押し付けあいながら見直しもせずに、同じことを繰り返している人たちがいます。また、前進しない会議への参加にもかかわらず、それで仕事をしていると考えている人もいます。そして、このような人たちを放置している組織があります。

２.残念な結果の影響

　対話が形式的で何も決まらない残念な結果の影響には、多くのプロジェクトが目的としている問題が解決できず、放置されたままになってしまい、手の施しようがない状態に悪化してしまうことが挙げられます。また、プロジェクトの目的が将来ビジョンの実現であれば、地域・組織として将来直面する危機へのリスク対応ができないことになります。そして、こうしたプロジェクト目的の実現ができない、先延ばしになることはステークホルダーからの信頼を失うことになり、他の政策領域へ影響が及ぶことにもなりかねません。

　さらに、こうした残念な結果が繰り返されている地域・組織は、問題を放置し、その悪化に対応できないことから“茹で蛙現象”に陥ることになりかねません。対話に投入した時間、コストとともに人的な資源が活かされていないだけではなく、地域・組織の経営に大きな負の影響を及ぼすことになります。

【事例1：残念な結果となる対話】

1．事例の背景

　　Y市では、今年度8つの地域課題解決プロジェクトをスタートしました。その1つである空き家問題に対応するため複数の部門から8名の職員（経験年数、職場、性別、年齢が異なる）が参加するチームを作り、検討することとしました。当プロジェクトは担当部門とは異なる視点での提案が期待されるためチームには担当部門のメンバーは入っていません。

2．対話の内容

（1）1回目の打ち合わせ

A：皆さん、お待たせしました。まだ、来ていない人もいますが、開始時刻を10分過ぎましたのではじめたいと思います。今日はお忙しいところお集まりいただきありがとうございます。今後の活動について話し合いたいと思います。本日は私が進行します。では、Bさん自己紹介をお願いします。

B：なぜ、このプロジェクトに私が選ばれたのかわかりません。業務も忙しく、貢献できるか心配です。

C：それは私も同じです。上司に行けと言われたので来ました。

------- 中略 -------

Ａ：では、具体的な内容に入りたいと思います。なんでもいいので
　話してください。

「全員沈黙」

Ａ：先日、ミーティング案内で空き家問題について検討する旨の連
　絡をしていますので、情報収集をされているのを期待していまし
　た。Ｂさん、何かありませんか？

Ｂ：忙しくて情報収集どころではありませんでした。このミーティ
　ングの時間をとるのも大変でした。

Ｃ：このプロジェクトの目的がよく理解できないので、どのような
　情報を収集すればよいかが分からなくて何も準備していません。

Ｆ：（遅れて参加）すみません。開始時間を誤りました。

「全員沈黙」

Ｄ：テレビや新聞で空き家が増えていることを見るようになりまし
　たね。

「全員沈黙」

Ｃ：うちの近くで空き家があります。かつて高齢の方がひとりで住

んでいました。

Ｅ：うちの周りには空き家もないし、そんなに問題なのですか？

「全員沈黙」

Ｂ：空き家対策として、空き家バンクがいいと思います。

Ａ：それ（空き家バンク）、良いアイデアだね。

Ｄ：私はあまり空き家のことを知りません。Ｂ先輩は経験豊かですから、そのアイデアに賛成です。

Ｃ：私は、まず相談窓口の設置が良いと思います。昨年までの派遣先のＺ市が運用していました。

Ｅ：空き家を自治会に管理してもらうのはどうですか？

Ｇ：対策としてリノベーションして活用してもらうのはどうしょうか。地域の活性化になりますし、

Ｂ：（Ｇ氏の発言中に）活用って、どう活用するのですか？　空き家バンクがベストと思いますがね。

Ｅ：空き家バンクの運用はどうします？

Ｂ：NPOさんに任せればいいと思っています。

Ｇ：運営できるNPOは市内にいますか？やはり私はリノベーションがいいと、

Ｂ：（Ｇ氏の発言中に）それこそ現実的でない。夢物語ですね。

Ｃ：今、思い出したのですが、先日TVで空き家税を検討している自治体を紹介していました。

「全員沈黙」

------- 中略 -------

（今まで、Ｈ、Ｆの発言はありません。ＨはPCをのぞき込んでいます。）

Ａ：Ｈさんはどう思いますか？

Ｈ：特にありません。

Ａ：ではＦさんはどう思いますか？

Ｆ：私は経験が少なくよくわかりません。ところでなぜ、空き家になるのでしょうか？

Ｂ：今は対策案を出しているんです。今まで何を聞いていたんですか！？

Ｆ：すみません。

Ｄ：なかなか先に進みません。Ｂさん提案の空き家バンクを進める
　ことでいいのではないですか？

------- 中略 -------

Ａ：会議時間もなくなってきました。いろいろな対策案がでました。
　次回は○日□時からです。それぞれが関連情報を集めていただき
　たいと思います。本日はお疲れさまでした。

（２）２回目の打ち合わせ

Ａ：２回目をスタートします。何か、新しい情報はありましたか？

「全員沈黙」

Ｂ：忙しくてできませんでした。

Ｃ：１回目で空き家が何件あるのか誰も答えてくれないので、調べ
　ましたが、わかりませんでした。

Ａ：ではＤさんから提出のあった資料を配布します。

Ｅ：いろいろなグラフがありますが、これから何が言えるのですか？

Ｄ：今回の資料は関連すると思われるデータを集めただけです。

「全員沈黙」

B：時間ばかり過ぎてなかなかまとまりません。もう、空き家バンクを提案するのでいいのでは？

A：皆さん、それでいいですか？

G：いや、空き家バンクはうちの地域では効果がないと思います。

B：君はいつも人のアイデアを否定してばかりだ。

「全員沈黙」

------- 以下略 -------

３. 事例の解説

（1）対話の内容

「対話のスタート」では、㋐目的が共有されておらず、㋑参加者の参加理由が曖昧になっています。「対話中」では、㋒沈黙が頻繁に発生している、㋓発言内容が一般論、抽象的で具体的な話になっていない、㋔提案の理由を言わない、㋕思いつきで話している人がいます。また、発言に対して、㋖話をさえぎる、㋗否定するとともに、㋘発言者を攻撃する人がいます。

また、㋙意見がかみ合わず、㋚議論が拡散しています。その状況に対して、㋛議論の拡散が放置されている、㋜対立状況も放置されています。一方、㋝特定のメンバーの意見に同調するメンバーがいて、それが連鎖しています。また、㋞特定の人ばかりが話し、話さない人がいるなどが起きています。

（2）対話の目的面

対話の目的である「問題解決」については、㋟問題の詳細が不明のまま提案（対策）の話になっています。その対策の内容は㋠思いついたアイデアの発言であり、㋡提案（対策）の理由の説明がありません。また、㋢人まねの対策を提案しています。一方、途中で地元の現状や問題についての話し合いに戻れる意見が出ますが、㋣その話題は無視され、対策の話に戻ってしまっています。

この対話は当該地域で起きている問題についての現状の把握や分析がないまま、思いつきの対策アイデアを出し合っている状況に陥っています。さらに異なる対策案の対立が起き、結果的に問題や分析が曖昧であり、議論が深まらないまま、行き詰まりの中で、無理やり結論を決めてしまいそうな展開となっています。

このような進め方では、たとえチームとして結論を出しても、その内容は当該地域に実効性のない対策であるとともに、ステークホルダーが理解できる説明ができず、承認されない提案となりかねません。対話にかけた時間・コスト・人的資源が活かされない事例であるとともに、このような対話内容が、この後も繰り返されることが想定されます。

上記事例は、残念な結果につながる対話の例ですが、実際の会議、ミーティングでも高い頻度で「沈黙の発生」が見られます。その場合、リーダーや特定の人だけが話し、それが結論となってしまうなど、集まって意見交換する意味のない対話となっています。

II編　残念な結果を生む対話の実態とその背景

　I編では、最善の意思決定が期待されているチーム対話にも関わらず、現状、見受けられる残念な結果とその影響を整理しました。II編では、3章で、残念な対話中に“何が起きているのか”を整理します。そして、4章では、残念な対話で起きていることの“背景”を探ります。

3章　残念な結果となる対話の中で起きていること

1．対話中に見受けられること

　　様々な組織、チームで残念な結果を引き起こしている対話では、次のようなことが見られます。まず、㋐誰も話し始めず、沈黙から始まっています。また、㋑途中でも沈黙が再三発生しています。対話中では、㋒特定の人だけが話している一方で、㋓話さない人がいます。他に㋔発言をさえぎる、㋕意見を否定する、㋖思いつきで話し出す、㋗対話の内容と異なることを話しはじめる（横道にそれる）、㋘他のメンバーを攻撃する、㋙対話についていけていない人がいます。

　　一方、いろいろな意見が出ていても、㋚対話が拡散したり、㋛意見の対立が発生しています。例えば、問題解決における対話で見られるのが対策Aと対策Bの対立です。また、㋜決まったことを蒸し返す人もいます。そして、㋝理由もなく同調する人がいて、㋞その同調が連鎖することも起きています。また、㋟配布された資料が活用されていません。そして、意見交換中にも関わらず、㋠無理にまとめはじめ、㋡議論が尽くされないまま結論に至ってしまうことも起きてます。これらの多くが【事例1】で見られます。

2．対処が求められる3つの状況

　　時間はかけても残念な結果を生んでしまっている対話では、上記㋐〜㋡など様々ことが起きています。これらは「①沈黙時間が

```
図表Ⅱ─3─1　残念な結果を引き起こしている
　　　　　　　対話の場で見受けられる状況

　㋐誰も話し始めず、沈黙から始まる
　㋑途中でも沈黙が再三発生する
　㋒特定の人だけが話している
　㋓話さない人がいる
　㋔発言をさえぎる
　㋕意見を否定する
　㋖思いつきで話し出す
　㋗対話の内容と異なることを話しはじめる
　㋘他のメンバーを攻撃する
　㋙対話についていけていない
　㋚対話が拡散する
　㋛意見の対立が発生する
　㋜決まったことを蒸し返す
　㋝理由もなく同調する人がいる
　㋞同調が連鎖する
　㋟配布された資料が活用されていない
　㋠無理にまとめはじめる
　㋡議論が尽くされないまま結論に至る
```

多いこと（㋐と㋑）」、「②意見がかみ合わない、深まらないこと（㋒〜㋞）」そして、①、②にも関わらず「③結論を急ぐこと（㋠〜㋡）」の3つに整理できます。

　これら3つの中でも特に、「②意見がかみ合わない、深まらないこと」を放置せず、適時、適切に対処することが目的の実現には求められています。②が解消できれば、①、③の克服にもつながります。

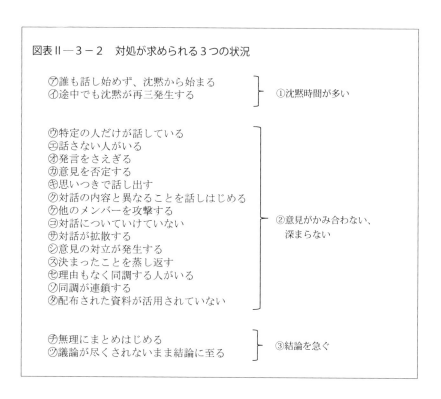

図表Ⅱ─3─2　対処が求められる3つの状況

㋐誰も話し始めず、沈黙から始まる
㋑途中でも沈黙が再三発生する
　　　　　　　　　　　　　　　　　}①沈黙時間が多い

㋒特定の人だけが話している
㋓話さない人がいる
㋔発言をさえぎる
㋕意見を否定する
㋖思いつきで話し出す
㋗対話の内容と異なることを話しはじめる
㋘他のメンバーを攻撃する
㋙対話についていけていない
㋚対話が拡散する
㋛意見の対立が発生する
㋜決まったことを蒸し返す
㋝理由もなく同調する人がいる
㋞同調が連鎖する
㋟配布された資料が活用されていない
　　　　　　　　　　　　　　　　　}②意見がかみ合わない、
　　　　　　　　　　　　　　　　　　深まらない

㋠無理にまとめはじめる
㋡議論が尽くされないまま結論に至る
　　　　　　　　　　　　　　　　　}③結論を急ぐ

　　次の4章では、残念な結果を生み出す「②意見がかみ合わない、深まらない」対話の背景を整理します。

4章 「意見がかみ合わない、深まらない対話」の背景

1．背景を整理する

　　残念な結果となっている対話の中で、特に対処が必要な「意見がかみ合わない、深まらない」ことが導かれた多様な状況から「意見がかみ合わない、深まらない対話」の背景にある主な要因として、次の４つを挙げることができます。

　　「①発言者の言いたいことが聴き手に伝わっていない」、「②聴き手が発言内容を理解できていない」、「③意見がかみ合い、深まる対話の環境が整っていない」、そして、対話目的が問題解決の場合、「④問題解決に大切な項目が共有できていない」の４つが残念な結果を生み出している対話の主な背景にあると言えます。

　　これら４つについて、それぞれを起こしている具体的な理由を２．以降で整理します。

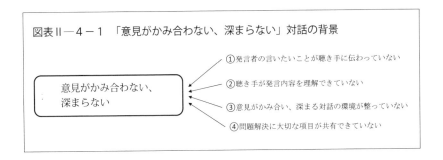

図表Ⅱ－4－1　「意見がかみ合わない、深まらない」対話の背景

意見がかみ合わない、
深まらない

①発言者の言いたいことが聴き手に伝わっていない
②聴き手が発言内容を理解できていない
③意見がかみ合い、深まる対話の環境が整っていない
④問題解決に大切な項目が共有できていない

２.「発言者の言いたいことが聴き手に伝わっていない」理由

　「発言者の言いたいことが聴き手に伝わっていない」理由には、以下のような発言内容・表現が挙げられます。まず、㋐発言が言いたいこと（結論）だけで、その理由を言わないことや、㋑理由を言っても、言いたいこと（結論）とのつながりが弱いことです。他には、㋒表現が抽象的、曖昧、感覚的になっている、㋓一般論（現場・現地の状況でない）を語っている、㋔専門的な用語を使っている、㋕発言内容がバラバラで拡散している、㋖思いついた順に話しているなどです。

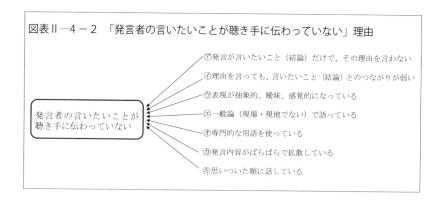

図表Ⅱ―4－2　「発言者の言いたいことが聴き手に伝わっていない」理由

発言者の言いたいことが聴き手に伝わっていない
㋐発言が言いたいこと（結論）だけで、その理由を言わない
㋑理由を言っても、言いたいこと（結論）とのつながりが弱い
㋒表現が抽象的、曖昧、感覚的になっている
㋓一般論（現場・現地でない）で語っている
㋔専門的な用語を使っている
㋕発言内容がばらばらで拡散している
㋖思いついた順に話している

3．「聴き手が発言内容を理解できていない」理由

　「聴き手が発言内容を理解できていない」理由としては、次のような聴き手の姿勢・態度が挙げられます。そもそも㋐発言を聞いていない、㋑発言内容に無関心、㋒自分の意見に固執している、㋓発言内容（または特定の発言者）に否定的な考えを持っている、㋔別のことを考えている、㋕別の作業をしているなどです。

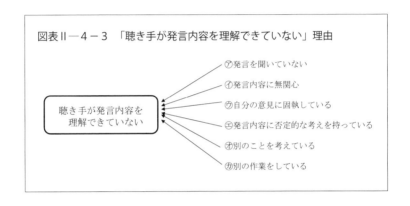

　図表Ⅱ―4―3　「聴き手が発言内容を理解できていない」理由

- ㋐発言を聞いていない
- ㋑発言内容に無関心
- ㋒自分の意見に固執している
- ㋓発言内容に否定的な考えを持っている
- ㋔別のことを考えている
- ㋕別の作業をしている

聴き手が発言内容を理解できていない

4．「意見がかみ合い、深まる対話の環境が整っていない」理由

　「意見がかみ合い、深まる対話の環境が整っていない」理由について、「対話の過程面」、「対話の体制面」、「対話の参加メンバー面」の3つの側面から整理します。

（1）対話の過程面

　まず、㋐目的・目標が共有されていない、㋑参加者に期待される役割が共有されていないことが挙げられます。次に、㋒対話で守るべきマナーが曖昧である、㋓マナー違反が放置されている、

㋔話が横道にそれても放置されている、㋕対立が放置されている、㋖意見がかみ合っていないことが放置されている、㋗全員に公平な発言機会が与えられていないことが放置されている、㋘発言力のある人や声の大きな人により、他の意見が押さえ込まれていることが放置されている、そして、㋙結論が既に決まっており、それを前提に進められていることも挙げられます。さらに、㋚資料があっても内容が見にくいこと、㋛資料が当日配布されているなどもあります。

（２）対話の体制面

㋐自由に話せない雰囲気・環境と、㋑参加メンバーが選ばれた理由や、期待されている役割が共有されていないことが挙げられます。

（３）対話の参加メンバー面

参加メンバーひとり一人が、㋐なぜ、自分が選ばれたのか不明なままで参加している、㋑どのような役割が期待されているのかが不明なままで参加していることが挙げられます。

５．「問題解決に大切な項目が共有できていない」理由

「問題解決に大切な項目が共有できていない」理由としては、問題解決に大切な項目についての発言が適切な内容、表現になっていないことが挙げられています。一方で、それを聴き手も確認せず、わかったつもりになっていることにより、問題解決のために大切な項目がメンバー間で共有できていないまま対話が行われています。

問題を解決するにはメンバー間で共有し、議論することで効果

図表Ⅱ—4—4 「意見がかみ合い、深まるための対話環境が整っていない」理由

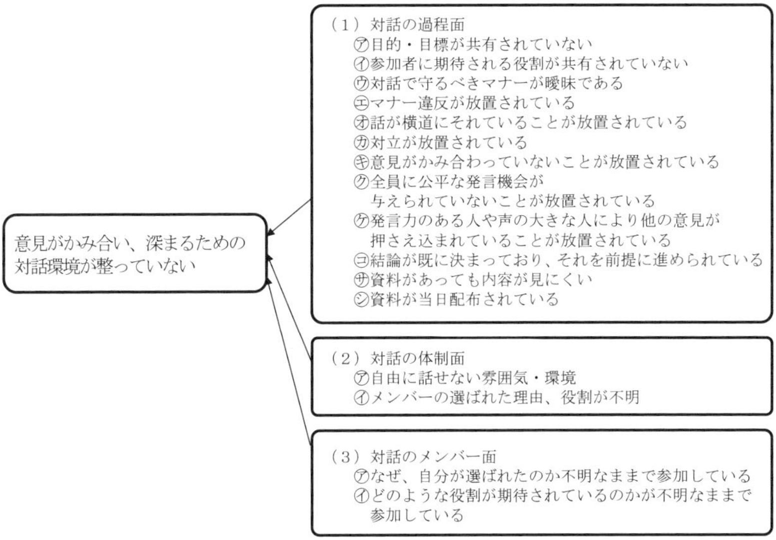
意見がかみ合い、深まるための
対話環境が整っていない
（1）対話の過程面
㋐目的・目標が共有されていない
㋑参加者に期待される役割が共有されていない
㋒対話で守るべきマナーが曖昧である
㋓マナー違反が放置されている
㋔話が横道にそれていることが放置されている
㋕対立が放置されている
㋖意見がかみ合わっていないことが放置されている
㋗全員に公平な発言機会が
与えられていないことが放置されている
㋘発言力のある人や声の大きな人により他の意見が
押さえ込まれていることが放置されている
㋙結論が既に決まっており、それを前提に進められている
㋚資料があっても内容が見にくい
㋛資料が当日配布されている
（2）対話の体制面
㋐自由に話せない雰囲気・環境
㋑メンバーの選ばれた理由、役割が不明
（3）対話のメンバー面
㋐なぜ、自分が選ばれたのか不明なままで参加している
㋑どのような役割が期待されているのかが不明なままで
参加している

的・効率的な問題解決活動を可能にする重要な項目があります。例えば、「問題」や「分析」です。残念な対話では次のような内容や表現になっています。

「問題」については、㋐問題表現が曖昧であったり、㋑現象面だけを表現している場合（例：空き家が増えていることを問題としている）もよく見られます。また、㋒主観的・感覚的な表現をしている、㋓直面している問題ではなく、一般論を語っていては、チーム内で“問題の共有”ができません。また、㋔問題の話をしているにも関わらず、対策を語る人がいます。そうした横道にそれた発言が放置されています。

また、「分析」とは、問題解決に向けて“適切な対応”をするための活動ですが、㋕現状の実態が把握できていない、㋖分析そ

図表Ⅱ―4―5　「問題解決に大切な項目が共有できていない」理由

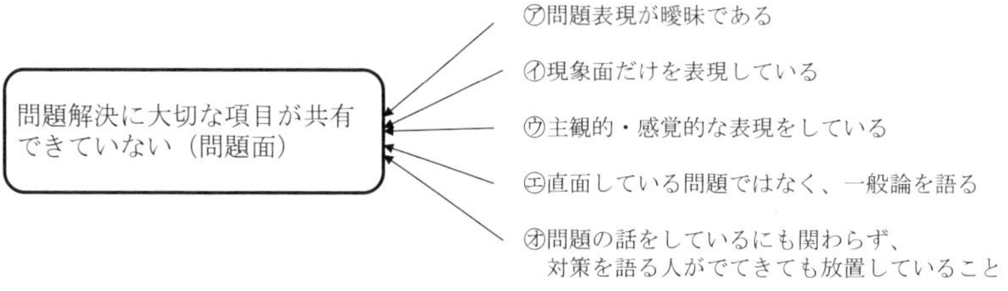

のものがされていない、㋗分析をしても問題に適した分析でない、㋘正しい方法で分析が行われていないことが挙げられます。

こうした重要な項目を共有できていない質の低い対話から立案された「対策」は、効果がない対策になるとともに、実現性が乏しい対策になってしまいます。

残念な対話では、「集まってはいるが、意見がかみ合わず、深まらないことから目的達成へ進まない」ことが起きています。1章で整理した集団による対話からの効果を出せる状況ではなく、集団がゆえに懸念されることが起きていると言えます。4章ではそうなってしまう背景について、それぞれが起きてしまう理由を整理しました。

次のⅢ編では、「意見がかみ合わない、深まらない対話」の背景にある4つの要因について、さらに深堀します。

Ⅲ編　残念な対話に影響している４つの要因の深掘り

　Ⅲ編では、残念な対話結果を生み出す対話において発生している「意見がかみ合わない、深まらない対話」の背景にある４つの要因について深堀りしていきます。

　５章では、「なぜ、発言者の言いたいことが伝わらないのか」。６章では、「なぜ、聴き手が発言内容を理解できないのか」。７章では、「なぜ、かみ合い、深まる対話の環境が整わないのか」。そして、８章では、「なぜ、問題解決に大切な項目が共有できないのか」を述べていきます。

５章　なぜ、発言者の言いたいことが伝わらないのか

１.「何」が言いたいのか

（１）言いたいことがまとまっていない

　「言いたいことが伝わらない」ことの背景には、そもそも「何が言いたいのか」、「何を伝えたいのか」が“まとまっていない”場合があります。表現方法を工夫する以前の問題です。

　何が言いたいのかがまとまっていないとは「なんとなく、こう思う」状態です。頭の中でいろいろな情報が思い巡っていて、まとめることができない状態です。この状態で臨む対話では、他のメンバーが中心に対話が展開され、受け身姿勢での参加となります。

（２）対話の目的、役割が曖昧

　言いたいことがまとまらない背景には、対話の目的、そして、対話での自分の役割が曖昧であることが影響しています。もし、目的を理解し、役割を自覚していれば、対話において「求められている意見」という観点からまとめることができます。目的意識や役割意識がないままでは、たとえ、発言しても目的に適していない内容となり、チーム対話に貢献できません。

2．考えがまとまらない背景

（1）苦手意識

　「自分の意見（考え）」をまとめることや、伝えることに苦手意識を持っている人がいます。例えば、目的に沿って、どのように考え、どのようにまとめるのかが分からなく思考停止してしまう人です。

　参加メンバーには目的（例えば、地域の問題解決）の実現に、「①意欲のない人」もいますが、「②意欲があっても自分の意見（考え）がまとまらないまま参加する人」もいます。一方、「③意欲があり、「自分の意見（考え）」をまとめて準備していても聴き手に伝わらない人」もいます。②・③の人は実務において考え、まとめることや、伝えることに苦手意識を持っており、その克服が求められる人と言えます。

　チーム対話は突然始まることはなく、事前にテーマ、目的、日時・場所などが伝えられます。意欲のある②のメンバーは、対話までの間にテーマについて、目的に沿って自分の考えをまとめ、チーム対話に備えようとするはずですが、実際にはそれが不十分なまま参加してしまいます。また、③のメンバーが準備しても伝わらないのは、準備の内容が十分に整理できていないからです。②・③はともに表現方法の前段階に課題があります。

　②・③のメンバーは、そうした現状を見直さなければ、地域の問題を解決したいという"想い"が活かせません。また、そうした意欲的なメンバーの持つ貴重な情報を対話で取りこぼしてしまうことはチームとしても損失です。

《コラム①：大切な動機づけ》

　前頁2.−（1）の「②意欲があっても自分の意見（考え）がまとまらないまま参加する人」や「③意欲があり、自分の意見（考え）をまとめて準備していても聴き手に伝わらない人」は意欲という"内からの動機づけ"がされていますが、「①意欲のない人」については、プロジェクトメンバーに任命した際に、プロジェクトの目的、本人にとっての意義など上司、事務局、プロジェクトリーダーが"外からの動機づけ"を行うことがプロジェクト目的である問題解決だけではなく、参加する当人にとっても大切です。しかし、メンバーを送り出す職場内で動機づけが行われているプロジェクトが多いとは言えません。

（2）「自分の意見（考え）」のまとめ方、伝え方が自己流
　（1）の②・③の中には、対話において「自分の意見（考え）」を伝えることの重要性に気づいていない人もいますが、目的に沿って「自分の意見（考え）」をまとめ、伝える効果的な方法を知らない人もいます。例えば、テーマに関する知識の集め方や読み取り方も不十分なまま自分の経験や思いつきなど限られた情報だけで、かつ自己流でまとめる人です。
　「自分の意見（考え）」をまとめることができない、伝えることができない状態のままで対話に臨んでは、たとえ問題解決に意欲的であっても本人が持っている現場・現地の情報や実体験からの貴重な情報は問題解決に活かされません。意欲のあるメンバーは自分を変えていく必要があります。まずは目的に適した「自分の意見（考え）」をまとめることができるようになることです。

3．伝わるような整理ができているか

言いたいことはあると本人は思っていても、伝え方に問題がある場合があります。4章－2．で発言者の言いたいことが聴き手に伝わっていない理由を述べましたが、そこに共通するのは、“伝える”意識が強いあまり一方的になり、聴き手に“伝わる”発言になっていないことです。

伝わらない発言をする発言者の特徴として、特に「㋐言いたいこと（結論）だけ言って、その理由を言わない」場合があります。それでは聴き手は、発言者の言いたいこと（結論）は分かっても、なぜ、その結論に至ったのかまでは理解することができません。

発言がそうなってしまうのは、「言いたいことがまとまっていない」状態のまま発言するからです。具体的には言いたいことの理由の整理が不十分だからです。この状態では聴き手が理解するために、発言者の言いたいことの理由（なぜ、その結論に至ったのか）を質問しても、適切な答えができないので、せっかく聴き手が理解しようと手を差し伸べても、その機会を逸してしまいます。

また、「㋑言いたいことだけではなく、その理由まで考えていると本人はそう思っている」ようでも、言いたいことと、その理由がつながっていない場合、聴き手は理解できません。これは伝え方ではなく、伝える内容の整理ができていないことが原因です。

一方、「㋒言いたいことがまとまっている、整理されている」にも関わらず、伝え方が悪い場合もあります。例えば、他のメンバーとの対立や摩擦を恐れて、表現が抽象的、一般論になってしまうことがあります。この場合、結果的に言いたいことは伝わりません。

6章　なぜ、聴き手は発言内容を理解できないのか

1.理解しようとしていない

　4章－3.で聴き手が発言内容を理解できていない理由を確認しました。発言内容に反対、否定的、自分の言いたいことに固執している人たちは、発言者の発言内容を理解しようとしていません。しかし、理解しようとしているにも関わらず、理解できていない場合があります。聴き手はこのことに気づく必要があります。この聴き手として求められる"気づき"は次の2.で説明します。

2.理解できていない

（1）わかったつもり

　聞いて（発言者の声は聞こえる）はいても、自分なりに解釈して"わかったつもり"のまま対話に参加している人がいます。また、発言内容が曖昧であっても、それを放置して"わかったつもり"の人もいます。この"わかったふり"は発言者に対して、曖昧な発言でも伝わっているとの誤ったメッセージを与えてしまい、意見がかみ合わない対話を促進してしまいます。

　発言内容を理解するには、発言者が言いたいこと（結論）だけでなく、結論を支える理由とのセットでの理解が必要です。結論だけでは、理解できていない可能性があります。発言者の結論だけを聴く姿勢は発言内容を鵜呑みにしてしまうことにもつながります。発言内容を理解せずに判断する場合、誤った意思決定をし

てしまう可能性があります。

（2）基礎知識がない

　発言内容を理解できない理由の中には聴き手がテーマに関する
基礎知識がないこともあります。例えば、テーマに関する基礎用
語などを押さえていなければ発言内容の理解が困難で話について
いけません。

３．聴くことの目的が曖昧

　上記１．や２．の背景には「聴くことの目的の曖昧さ」があり
ます。聴く目的（何のために聴くのか）が曖昧なまま対話に臨ん
では、「何」を聴けばよいのかを明確にできませんし、発言者の
説明から「何」を理解すればよいかが不明のため聞きっぱなしに
なってしまいます。

　５章で説明した発言者の問題（言ったことが伝わらない）と異
なり、多くの人が「聴くこと」については、自分はできていると
感じています。ただし、相手の言いたいことを理解しているかは
別で「わかったつもり」になっている場合が見られます。結果、
かみ合わないコミュニケーションや、話し合いの後のトラブルの
原因になってしまいます。

7章　なぜ、意見がかみ合い、深まる対話の環境が 整っていないのか

１．集団の対話メリットを阻害する要因

　　本章では、「意見がかみ合い、深まる対話の環境が整わない」 理由について、４章と同じく「対話の過程面」、「対話の体制面」、 「対話の参加メンバー面」ごとに深掘りします。

（１）対話の過程面
　　対話の過程において、まず、①企画段階では、㋐目的・目標を 設定することの重要性を理解していない、㋑目的・目標を共有す ることの重要性を理解していない、そもそも㋒目的・目標を決め られない、㋓目的・目標を決めてもメンバー間で共有できる表現 ができない、㋔対話マナーを明確にする必要性を理解していない、 ㋕対話マナーを明確化できないことが挙げられます。そして、対 話の目的に評価や判断が伴う場合、㋖評価・判断基準の必要性を 理解できていない、㋗基準を決められないことが挙げられます。
　　②対話中では、㋘かみ合わない意見を整理しなければならない 理由が分からない、㋙かみ合わない意見を整理する方法を知らな い、㋚対立を整理しなければならない理由が分からない、㋛対立 を整理する方法を知らない、㋜議論の優先順位をつけなければな らない理由が分からない、㋝議論の優先順位のつけ方を知らない、 ㋞発言機会を公平にしなければならない理由が分からない、㋟発 言の機会を公平にする方法を知らないことが挙げられます。

　そして、③対話ツールについては、㋺資料の活用目的が理解されていない、㋬見やすい資料を作成する方法を知らないことなどが挙げられます。

図表Ⅲ－7－1　意見がかみ合い、深まる対話の環境が整っていない理由の深掘り①

（1）対話の過程面

　　①企画段階
　　　㋐目的・目標を設定することの重要性を理解していない
　　　㋑目的・目標を共有することの重要性を理解していない
　　　㋒目的・目標を決められない
　　　㋓目的・目標を決めてもメンバー間で共有できる表現ができない
　　　㋔対話マナーを明確にする必要性を理解していない
　　　㋕対話マナーを明確化できない
　　　㋖評価・判断基準の必要性を理解できていない
　　　㋗基準を決められない

　　②対話中
　　　㋘かみ合わない意見を整理しなければならない理由が分からない
　　　㋙かみ合わない意見を整理する方法を知らない
　　　㋚対立を整理しなければならない理由が分からない
　　　㋛対立を整理する方法を知らない
　　　㋜議論の優先順位をつけなければならない理由が分からない
　　　㋝議論の優先順位のつけ方を知らない
　　　㋞発言機会を公平しなければならない理由が分からない
　　　㋟発言の機会を公平にする方法を知らない

　　③対話ツール
　　　㋠資料の活用目的が理解されていない
　　　㋡見やすい資料を作成する方法を知らない

（2）対話の体制面

　　㋐目的に適したメンバーを選定していない、㋑メンバーの多様性が必要な理由を理解していない、㋒メンバーの多様性からくる複雑さ、混乱を理解していない、㋓メンバーの多様性からくる複雑さ、混乱への対応方法を知らない、㋔メンバー間の対等性を保つことの必要性を理解していない、㋕メンバーの対等性を保つための対応方法を知らない、㋖参加者間で信頼関係が必要な理由を理解できていない、㋗信頼関係を築く方法を知らないことなどが

挙げられます。

図表Ⅲ—７－２　意見がかみ合い、深まる対話の環境が整っていない理由の深掘り②

（2）　対話の体制面

㋐目的に適したメンバーを選定していない
㋑メンバーの多様性が必要な理由を理解していない
㋒メンバーの多様性からくる複雑さ、混乱を理解していない
㋓メンバーの多様性からくる複雑さ、混乱への対応方法を知らない
㋔メンバー間の対等性を保つことの必要性を理解していない
㋕メンバーの対等性を保つ要因への対応方法を知らない
㋖参加者間で信頼関係が必要な理由を理解できていない
㋗信頼関係を築く方法を知らない

（３）対話の参加メンバー面

参加メンバーの中には、㋐プロジェクトにおける目的・目標の重要さを理解していない、㋑目的・目標を理解しようとしていない人がいます。㋒なぜ、選ばれたのかの説明を受けていない、㋓なぜ、選ばれたのかを本人が確認していない、同じく㋔期待される役割の説明を受けていない、㋕期待される役割を本人が確認しない人がいるなどが挙げられます。

図表Ⅲ—７－３　意見がかみ合い、深まる対話の環境が整っていない理由の深掘り③

（3）　対話の参加メンバー面

㋐プロジェクトにおける目的・目標の重要さを理解していない
㋑目的・目標を理解しようとしていない
㋒なぜ、選ばれたのかの説明がない
㋓なぜ、選ばれたのかを本人が確認していない
㋔期待される役割が説明されない
㋕期待される役割を本人が確認しない

上記（1）～（3）で挙げた項目をしっかりと押さえた上で対処しなければ、一般的な手法による表面的･形式的な対応になり、残念な対話を見直すことは困難です。残念な対話を回避するためには、（1）～（3）で挙げた項目が実際の対話で発生していない

かを確認することがスタートとなります。

２. 対話環境を整えることの目的が曖昧

　上記１. で挙げた様々なことが起きる背景には「対話環境を整えることの目的」が理解されていないことがあります。それは、何のために集団で対話をするのかを理解できていないことが大きいと言えます。こうした対話では実施しても対話すること自体が目的化して、形式的な対話が行われてしまいます。

８章　なぜ、問題解決に大切な項目が共有できないのか

１. 問題解決に必要な基礎知識

　　問題解決に大切な項目が共有できていないのは、問題解決に必要な知識・方法について理解していないことが挙げられます。問題解決においては、㋐そもそも何が問題なのかを明瞭にすることや、㋑問題を起こしている背景などの分析から得た情報を活かすことで、効果的で実現可能な対策を立てることができます。

　　こうした対策を立案する前に明確にしなければならない項目があることや、その方法の理解不足から、結果としてこれらを共有しないまま対話が進んでいきます。

２. 避けたい対策ありきの提案

　　問題解決を目的とした対話では、対策を立てることは大切ですが、その対策は問題を解決できる対策である必要があります。しかし、多くの対話で見られるのが、すぐに対策を話し合い、決めてしまう「対策ありき」の対話です。これでは直面している問題を解決できる対策にはなりえませんし、ステークホルダーに納得されません。なお、この背景には１. の㋐問題の明確化、㋑分析の大切さが理解されていないことがあります。

　Ⅲ編では、残念な対話に影響している 4 つの要因についてそれ
ぞれを 5 章から 8 章で深堀しました。残念な結果の背景にある
要因をできるだけ広く、深く洗い出しましたが、これらを否定的
に捉えるのではなく、こうした現状を把握し、自覚することが大
切であり、それが見直しのスタートとなります。現状を理解する
ことで、それに適した対策や手法を選択できるからです。

　さて、4 つの要因に共通していることとして、対話の中での活
動の目的（例：なぜ、傾聴しなければならないのか）が曖昧なま
ま行動していることが見えてきます。行っている活動の目的が曖
昧なため手段（活動）が目的化したり、目的に適していない手段
（活動）が形式的に行われていると言えます。

　真に問題解決をしたいメンバーにとっては、対話の機会を有効
に活かすために上記の項目を放置せず、ひとり一人が具体的な課
題を設定し、その克服への適切な対処が求められます。次のⅣ編
ではⅢ編までのまとめとして残念な対話の課題を整理します。

Ⅳ編　残念な対話が克服すべき課題

　Ⅳ編では、Ⅱ、Ⅲ編で整理した残念な対話の背景をもとに、対話目的の達成に向け「対話の質」を高めるために克服すべき課題を設定します。Ⅲ編の内容から課題の対象は、「チーム対話の過程（プロセス）」と「対話の参加メンバー」となることから9章では、チーム対話のプロセス上の課題について、10章では、チーム対話に参加するメンバーの課題について整理します。

9章　チーム対話の過程（プロセス）上の課題

　　対話目的の実現に必要な意見がかみ合い、深まる対話のための
チーム対話の過程（プロセス）上の課題は、「言いたいことが聴
き手に伝わるような発言をすること」、「発言内容を理解できるよ
うに聴くこと」そして、「意見がかみ合い、深まるような対話環
境をつくり・維持すること」です。

１．言いたいことが聴き手に伝わるような発言をすること

　　5章の内容をもとに「言いたいことが聴き手に伝わるようにす
る」ためには、発言者が「伝わることの大切さ（なぜ、発言内容
が伝わらなければならないのか）を理解すること」です。そして、
伝えるのではなく「伝わるために有効なことは何かを知り、それ
を実行できること」です。

２．発言内容を理解できるように聴くこと

　　6章の内容から「発言者の言いたいことを理解できるように聴
く」には、聴き手が「発言内容を理解することの大切さ（なぜ、
発言内容を理解しなければならないのか）を理解すること」です。
そして、「理解するために有効なことは何かを知り、それを実行
できること」です。

　　発言者は聴き手でもあります。１．と２．は参加者ひとり一人

に求められる克服すべき課題です。

3. 意見がかみ合い、深まる対話環境をつくり・維持すること

　　7章の内容から「意見がかみ合い、深まる対話ができる環境を
つくり・維持する」ためには、参加メンバー全員が「意見がかみ合
い、深まる対話ができる環境の大切さを理解すること」です。そし
て、「意見がかみ合い、深まる対話のための環境をつくり・維持す
るために有効なことは何かを知り、それを実行できること」です。

　　対話の環境づくり・維持の担い手としてはプロジェクトリー
ダーやファシリテーターが思い浮かびますが、本書では、プロジェ
クトリーダーやファシリテーターに依存せず、参画メンバー全員
が関わることで質の高い対話環境づくり・維持を行うことを重視
します。

　　その理由として多くの地域、組織では、対話環境づくり・維持
を全面的に依存できる有能なプロジェクトリーダーやファシリ
テーターが限られていることが挙げられます。また、プロジェク
トには小規模なチームもあり、対話の企画・運営はメンバーが持
ち回りで行う場合も多く、全てのメンバーが担い手として求めら
れる役割・活動を理解しておくことが必要であることも大きな理
由です。

図表Ⅳ―9－1　チーム対話のプロセス上の課題

①言いたいことが聴き手に伝わるように発言すること
②発言内容を理解できるように聴くこと
③意見がかみ合い、深まる対話環境をつくる・維持すること

10章　チーム対話の参加メンバーの課題

　　本章では、チーム対話に参加するメンバーの課題を整理します。対象は意欲があり、当事者意識を持っていても、場当たり的・受け身的な取り組みになっている参加メンバーです。

1.「自分の意見（考え）」を創り出すこと

　　多様な意見を共有した上で、意見をかみ合わせ、深めなければ対話の目的に適した結論を生み出すことはできません。そのスタートは参加者ひとり一人の想いを「形にすること（言語化）」です。例えば、地域の問題を解決するための参加メンバーひとり一人は、当事者として問題意識を抱いているはずです。そうした現地の実態、現場の担当者の体験や観察からの情報は貴重です。それらを問題解決に活かすためには、現場の実態情報を「自分の意見（考え）」としてまとめ、伝え、共有することが求められています。

2.場当たり的・受け身的な対応から
計画的・自発的活動を行うこと

　　対話を効果的（目的に適した成果）、効率的（短い時間）に行うためには、参加メンバーひとり一人が場当たり的（思いつきでの行動や発言など）や受け身的（周りに影響されるなど）な対応をしていては限界があり、対話への貢献度が低くなります。ひと

り一人が場当たり的・受け身的な取り組みではなく、計画的で自発的に活動できるようになることが求められています。

3.問題解決活動の質を高めること

　問題解決を目的とした対話において、すぐに「手段」を考えてしまう"手段ありき"では問題解決に効果的な意思決定はできません。こうした手段ありきの取り組みを避け、問題起点で「質の高い問題解決活動」を行うためには、参加メンバーひとり一人が目的である問題解決の当事者として、問題解決において重要な項目は何かを知ることと、それを実践で行うことができるようになることです。

図表IV-10-1　チーム対話に参加するメンバーの課題

①「自分の意見（考え）」を創り出すこと
②場当たり・受け身的対応から計画的・自発的活動を行うこと
③問題解決活動の質を高めること

V編　成果を出すチーム対話に変わる

　V編では、IV編9章で設定した3つの課題を克服するための対策を提案します。11章では、「自分の意見（考え）」が聴き手に伝わる発言者になるための基本的な考え方・方法を説明します。12章では、発言内容を理解できる聴き手になるための基本的な考え方・方法、そして、13章では、対話の目的を実現するための環境づくりと、その環境を維持するための基本的な考え方・方法を説明します。

11章　「自分の意見(考え)」が聴き手に伝わる発言者になる

1．理解されることの大切さ

（1）多様な意見（考え）が求められている

チーム対話に期待されるのは、㋐多様な意見（考え）を持った参加メンバーによる、㋑建設的な意見交換を通じて、㋒最善の意思決定・合意形成が行われることです。例えば、対話の目的が問題解決であれば、チームは対話を通じて問題を解決できる最善の対策を創り出し、それが合意形成されることです。そのために参加メンバーひとり一人が「自分の意見（考え）」を持ち寄ることが求められています。

（2）「自分の意見（考え）」が正確に伝わること

参加メンバーひとり一人が持ち寄る意見（考え）が正確に伝わらなければなりません。ひとり一人が持ち寄った意見（考え）は人とは異なるので、まず、他のメンバーに理解してもらう必要があります。

（3）ひとり一人が持つ情報をチーム内で共有する

対話の参加メンバーは問題解決の当事者として問題解決に貢献したいという意欲を持っています。当事者としてのひとり一人の意見や情報は問題を解決するために貴重であり、それらはメンバー間で“共有”され、対話に活かされなければなりません。

《コラム②：地域問題解決型対話に活かしたいローカルナレッジ》

地域問題に関わる現場・現物・現地の人の知識、情報、経験は地域の問題解決に活かせる資産です。専門家が提供する一般的な理論や普遍的な知識に対して、地元住民や現場担当者が持つ知識はローカルナレッジと言われます。

地域問題の解決には、ひとり一人が持つローカルナレッジが異なる考えや情報を持つ他者とのオープンな対話を通じて、互いに触発し合いながら創出される「新たな知識（資産）」の活用が期待されています。

（4）期待される対話目的と役割に基づいた意見

チーム対話の参加メンバーひとり一人に求められるのは、対話に貢献できる意見（考え）を持ち寄り、それが他のメンバーに理解され、全員で共有されることです。

貢献できる意見（考え）とは、対話目的に適していることに加え、当人だけが発言できる内容も重要です。例えば、実務担当者であれば現場の実態情報などです。これは他のメンバーが期待している内容でもあります。こうした対話目的や役割に基づくに貴重な情報は聴き手に理解され、チームとして共有されることがメンバーひとり一人に期待されています。

（5）自分を知ってもらう・認められる機会

協働活動である対話を効果的に行うにはメンバー間の相互理解・信頼関係が重要です。発言は自分を他のメンバーに知ってもらう機会であるとともに、「自分の意見（考え）」をきちんと伝え、対話に貢献していることを認めてもらえる機会でもあります。

2.「自分の意見（考え）」を持つこと

（1）「何」を自分の意見（考え）とするか

　「自分の意見（考え）」として“何”を言うかはとても大切です。プロジェクトにおける対話ではプロジェクトの目的と対話の目的に基づいて発言しなければなりません。こうした目的に適した「何」を言うかを決めるには、例えば、地域の問題解決プロジェクトであれば、『実務者のための“アウトカム重視”の政策立案と評価』の手順ごとに求められる内容や視点が意見をまとめることに役立ちます。

（2）対話で期待される「自分の意見（考え）」とは

　発言する内容は、既にある情報や知識を集めて整理しただけでは十分とはいえません。“事実の整理”や“状況の説明”も貴重な情報ですが、対話では、それらから導き出された「自分の意見（考え）」が期待されています。対話における知識・情報は、知ることが目的ではなく、それらを使って判断・意思決定するために活用します。

（3）対話での「自分の意見（考え）」の表現方法

　「自分の意見（考え）」とは、「①言いたいこと（結論）」だけではなく、言いたいこと（結論）を支えている「②理由（なぜ、その結論になったのか）」までも含みます。その表現の基本は、「私は○○と考えます。なぜならば、□□だからです」。例えば、問題提起の場合は、「○○は当地域にとって解決すべき問題です。なぜならば、□□だからです。」また、対策提案の場合は、「問題を解決する対策として、○○を実施すべきです。なぜならば、□□

だからです。」のように、「①言いたいこと（結論）」に至った「②理由」も伝えることが大切です。

　このような表現形式の活用は第三者に理解されやすくなります。ただし、実際の対話では結論だけしか言わない発言者が多く見受けられ、第三者が理解できない場合があります。

（４）「自分の意見（考え）」のめざす姿

　対話に貢献する自分の意見（考え）の内容は、㋐目的に沿っていることと、㋑第三者が理解できることをめざします。加えて、㋒自分自身で腑に落ちて（納得）いることも大切です。そもそも自分が腑に落ちていなければ、第三者に理解してもらうことは困難です。㋑、㋒を満たすには、（３）で述べた「①言いたいこと（結論）」と、それを支える「②理由」の形式で整理することが効果的です。

図表Ⅴ—11 - 1　対話のための「自分の意見（考え）」めざす姿

㋐ 目的に沿っていること
㋑ 第三者が理解できること
㋒ 自分自身で腑に落ちて（納得）いること

3．「自分の意見（考え）」を持って対話に臨むメリット

（１）「自分の意見（考え）」を明確にしておくことのメリット

　事前に「自分の意見（考え）」を固めておき、対話に臨むことには次のようなメリットがあります。その場で思いついたことを話すのではないため、㋐自分の意見（考え）に自信を持って発言できます。事前に準備しておく過程で、㋑「今までの思い込み」を吟味して自分なりにまとめ直すことができます。また、㋒言い

にくいことも聴き手に理解されるように話す準備ができるので、発言の遠慮や自己規制を回避できます。

　対話の場面では㋔「自分の意見（考え）」が伝わる説明をすることができ、質疑応答にも適切に対応できます。また、「自分の意見（考え）」を整理しておくことにより、㋐他のメンバーの意見（考え）の理解が深まります。

図表Ⅴ—11－2　「自分の意見（考え）」を持って対話に臨むことのメリット

㋐「自分の意見（考え）」に自信を持って発言できる
㋑「今までの思い込み」を吟味して自分なりにまとめ直すことができる
㋒言いにくいことも聴き手に理解されるように話す準備ができ、発言の遠慮や
　自己規制を回避できる
㋓「自分の意見（考え）」が伝わる説明をすることができ、質疑応答にも適切に対応できる
㋔他のメンバーの意見（考え）の理解が深まる

（2）否定に対する柔軟な対応

　「自分の意見（考え）」を持っておくことは、自分の意見（考え）が否定された場合に、余裕をもった柔軟な対応を可能にします。発言内容が否定された場合、感情的にならずに相手の否定内容を理解しようという姿勢が大切です。

　まずは相手が否定している部分と、なぜ否定するのかの理由について質問をしながら相手の意見の理解に努めます。その上で、相手の聞き違い、勘違いからくるのか、意見の視点が違うのか、意見の前提が違うのかなどを明らかにします。それによって、何が、どう違うのかを否定したメンバーを含めた聴き手に改めて説明することができます。この過程は相手の言い分が正しいのかどうかの確認もできるので、相手の言い分に納得できれば、素直に間違いを認めます。

　「自分の意見（考え）」は自分が入手した限られた知識・情報に基

づくものであり、自分の意見が絶対に正しいと考える姿勢を持たないことが大切です。対話で重要なことは対話の目的を達成することであり、自分の考えを押し付けることではありません。もし、自分が誤っていたならば、または相手の意見が対話目的に有効であれば、それを受け入れ、よりよい内容に見直すことが重要です。

《コラム③：「他のメンバーの意見（考え）」を尊重し、活かすこと》

　「自分の意見（考え）」は他のメンバーと違う場合がほとんどです。この多様性が対話を豊かにします。従って、「自分の意見（考え）」を他のメンバーに理解してもらい、他のメンバーの意見（考え）を理解しなければなりません。そして、多様な意見をかみ合わせ、深めながらチームとして目的に適した意思決定をすることが対話には求められます。こうして多様な意見が求められる対話においては、相互に理解し合うことが大切です。

　意見（考え）が違う背景には、異なる前提、異なる立場、異なる情報、異なる言葉使いなどがありますので、お互いの異なる点を明確にすることが相互理解に役立ちます。そのためにも発言者は言いたいことだけではなく、なぜ、その結論に至ったのかの理由を説明しなければなりません。また、聴き手は、理由を言わない発言者に確認しなければなりません。

４．「伝わる」ために有効なこと

（１）伝える姿勢

　建設的な対話のためには「自分の意見（考え）」がきちんと聴き手に理解されなければなりません。この程度の内容・表現であれば理解できるだろうなどの思い込みは禁物です。基本は聴き手に過度な期待をしないことです。

　聴き手に疑問を持たせない伝え方が求められます。例えば、言いたいこと（結論）だけしか言わなければ、聴き手は「なぜ、そのような結論になったのだろう」と考え、その後の話が理解できなくなります。よって、２.－（３）で述べたように、「①言いたいこと（結論）」とともに、その「②理由」を伝えることが重要です。

　また、相手の理解度に適した伝え方も大切です。発言者は聴き手の理解度を察し、用語の使い方、表現の方法など伝え方を工夫します。そして、聴き手からの質問に柔軟に対応しながら、互いの意見の相違点をはっきりさせるなどして同じ土俵に立てるような対応が求められます。

（２）「伝わる」ために重視すること
　伝えるのではなく“伝わる”ために次の点を重視します。

「事前準備」
　「①全体像（骨格）を構築する」ことが大切です。㋐全体の構造（全体と部分の関係）を明確にし、㋑全体と部分、それぞれで言いたいことを明確にします。㋒項目が多い場合は、重点化（絞り込み）し、順番（優先順位）を決めていきます。

「発言中」
　「②伝え方」では、まず、㋐全体像（骨格）を伝え、話す内容の順序を伝えます。話し始めた後は、㋑適時、今、どの部分を説明しているかを伝えます。㋒先に言いたいこと（結論）を先に話し、その理由は後に伝えます。その順序のほうが相手に理解されやすくなります。そして、㋓各項目がつながるように伝えることが重要です。
　また、「③表現」については、㋐具体的に、㋑簡潔に表現します。

㋒聴き手と共有できる知識・情報を効果的に使います。そして、「④内容」については、㋐現地、現場、担当者からの実態を伝える生の情報は、画像、写真、現物、録音などを活用します。㋑可能な限り客観的な情報（データ）を使い、㋒説明内容を補完する見える化ツールを活用します。㋓専門用語はその定義を説明することで理解されやすくなります。「⑤態度」は、㋐熱意を示し、㋑早口にならないようにします。

「発言後」

　「⑥質疑応答」は、発言内容を聴き手に理解してもらう第二の機会として有効に活用します。まず、㋐相手の質問を理解し、適切に対応します。㋑質問が理解できなければ、質問者に「ご質問の内容は、○○でよろしいですか？」と確認します。何を知りたいのかを理解できないままでは質問者の期待と異なる回答をしてしまいかねません。質問者自身も何を知りたいのかが曖昧のまま質問する人や複数の質問と自分の意見を混在させてしまう人もいるからです。

　そして、㋒正確に伝わるように回答することも大切です。例えば、先に結論を伝えます。「○○です。なぜならば・・・」です。質問が複数の場合は1つ1つ丁寧に回答します。「1つ目の質問については、・・・。2つ目は・・・」。また、発言内容について確認する質問に対しては、「その理解であっています」、「一部違います。○○は・・・」などと回答します。

（3）何が伝わったかを確認する

　発言者は、まず、「自分の意見（考え）」を理解してもらう必要があります。そこで聴き手に「理解できたこと」と「理解できなかったこと」それぞれを確認し、伝わり度合いを明らかにします。

「理解できなかったこと」については、聴き手から「理解できない部分」を聴きだすことは効果的です。その回答から「理解しようとしているのか」、「どこまで理解しているのか」、「理由が伝わっていないのか」、「誤解が生じているのか」、「否定的に聴いているのか」などが明らかになります。そうしたヒントが見えてくれば、適切な対応ができます。理解してもらうにはこうした発言者との質疑応答を交えながら、粘り強く、繰り返し説明することも必要です。

図表V－11－3　「伝わる」ために重視すること

① 全体像（骨格）を構築する
㋐全体の構造（全体と部分の関係）を明確にする
㋑全体と部分、それぞれで言いたいことを明確にする
㋒項目が多い場合は重点化（絞り込み）し、順番（優先順位）を決める

② 伝え方
㋐全体像（骨格）を伝え、話す順番を伝える
㋑話し始めたら、今、全体の中のどの部分かを伝える
㋒言いたいこと（結論）を先に話し、その理由は後に伝える
㋓各項目がつながるように伝える

③ 表現
㋐具体的に表現する
㋑簡潔に表現する
㋒聴き手と共有できる知識・情報を使う

④ 内容
㋐現地、現場、担当者からの、実態を伝える生の情報（写真、現物、声）を活かす
㋑可能な限り客観的な情報（データ）を使う
㋒説明内容を補完する可視化ツールを活用する
㋓専門用語はその定義を説明する

⑤ 態度
㋐熱意を示す
㋑早口にならないようにする

⑥ 質疑応答
㋐相手の質問を理解し、適切に対応する
㋑質問が理解できなければ、質問者に質問内容を確認する
㋒正確に伝わるように回答する

《コラム④：重要な拠り所は省略しない》

　発言内容が冗長にならないように、伝えたい内容の“重要な拠り所”であるにもかかわらず、自分にとっては“当然のこと”として省略して明言しない場合があります。例えば、基準、言葉の定義、視点などです。省略した部分が聴き手にとっても“当然のこと”であれば問題ありませんが、そうでない場合は、聴き手に自分の意図が伝わりにくくなります。
　多様なメンバーに対して自分の言いたいことを理解してもらうためには、発言者は重要な拠り所は省略せずに丁寧に説明します。

５．２つの発言機会

　発言者が「自分の意見（考え）」を「聴き手に理解されるように伝える」場面は２つあります。１つは「対話のスタート段階」で、「自分の意見（考え）」を伝える場合や事前準備の内容を発表・報告する場合です。もう１つは「意見交換中での発言」です。㋐他のメンバーが発言した内容に対して意見を述べる場面や、㋑ある論点に関する意見交換の過程での発言があります。
　「対話スタート段階」では、本章で述べてきた対話での伝え方・質疑応答の仕方を活かします。自分自身が主体的に目的に沿って考え、事前に自分の考えをまとめておくことが効果的です。一方、「意見交換中での発言」は、多種多様な状況の中での発言であり、次の「６．対話中に発言する際の留意点」で説明します。

６．対話中に発言する際の留意点

　対話中に発言する際の発言者としての留意点を述べていきます。なお、対話中のチーム全体に関することは 13 章の「意見がかみ合い、深まる対話環境にする」で述べます。

（１）目的を拠り所とする

　全体を通じて目的を拠り所とすることです。対話は協働して目的を達成するためのものであることを忘れないことです。

（２）自分の発言・態度

　発言する際は、まず、意見の対象を明確にし、具体的に話します。そして、意見には必ず理由を述べます。また、思い込みではなく事実に基づいて話すことを心掛けます。

　態度については、立場を誇示したり、権威を振りかざすことや相手を見下すような態度をしないように意識します。また、相手を指さしすることは控えます。これらは対話の質を低下させる要因となります。

（３）他のメンバーの発言を評価する

　他のメンバーからの意見に対しては、認める、ほめるなど評価します。また、無視や攻撃的な発言は避けます。そして、相手の意見を引き出すためには、相手の意見を認めた上で質問表現で行います。

12 章　発言内容を理解できる聴き手になる

1．発言内容を理解することの大切さ

（1）"わかったつもり"を避ける

　対話目的を達成するために対話の質を高めるには、意見がかみ合い、深まることが大切です。聴き手は発言内容を"わかったつもり"になることを避けなければなりません。また、発言者の視点や持ち寄る情報は、聴き手の体験や持っている情報と組み合わさり、新たな発想を生み、問題解決につながることが期待できるので、発言内容を的確に理解することが求められます。

（2）発言を共有する

　発言を正しく共有することは対話の質を高め、チームとして適切な意思決定につながります。そのためには発言をしっかり理解しなければなりません。曖昧な点は質問したり、発言内容に過ちがあれば、それを気づかせ、互いに正しい情報を共有することを重視します。

（3）対話基盤を築く

　聴くことは人間関係を構築する効果があると言われ、チームとして建設的な意見交換の基盤をつくることになります。そして、聴いてくれる人がいることは発言者が安心して話せる状況をつくることになります。また、聴くことは、発言者を理解する機会でもあります。

２．理解し、対話につながる聴き方

（１）聴きたい姿勢を示す

　聴きたい姿勢を示すことは聴く準備になるとともに、発言者にとって「自分の意見（考え）」を伝える良い環境をつくることにもなります。また、聴いている最中に興味・関心を示すことは、"聴・いていることを発言者に伝える" ことになり、発言者が安心して話し続けることへ動機づけることになります。

（２）目的に沿って聴く

　対話目的を明確にしておくことは聴き手が発言内容を理解するために大切です。その目的のために「何」を聴けばよいのかに焦点を当てることができるからです。様々な発言に対して、何を理解するのかを明確にしておくことで、それが曖昧であれば発言者に質問します。

　目的実現に向けて大切な内容に焦点を当てて聴くことは、意見交換を深めていくことができ、対話の質向上につながることになります。例えば、問題設定を対話の目的と伝えても、手段を語る人や現象を語る人、時に原因を語る人がいます。それでは対話の目的が達成されないことを発言者に気づかせ、目的に適した発言を引き出します。

（３）素直に聴き、理解することに集中する

　先入観を持たず、素直に白紙の状態で聴きながら、「発言者の言いたいこと（伝えたいこと）を理解する」ことに集中します。そのためには口をはさむことなく、最後まで話を聴きます。

（4）発言内容をメモする

　発言をメモすることは聴きながら発言内容を自身で整理するとともに、曖昧な点や不明点を明らかにできます。また、メモを取っていることは、発言者へ"聴いていること"を伝えるメッセージにもなります。

（5）理解できたこと、できなかったことを分ける

　発言を聴いて、「理解できたこと」と「理解できなかったこと」に分け、「理解できなかったこと」を質問します。何が理解でき、何が理解できていないかを区別することで、質問内容が明確にでき、質問内容が伝わりやすくなり、必要な情報を引き出すことができます。

（6）否定しない

　発言内容を否定することは避けます。違和感を覚えたときには否定するのではなく、質問をします。例えば、「なぜ、そう思われるのでしょうか？」、「具体的にどういうことでしょうか？」などです。

（7）鵜呑みにしない

　聴き手が「発言者に誘導されない」、「間違った判断を回避する」ためには得た情報を鵜呑みにせずに、内容を吟味しながら聴きます。特に結論とその理由のつながり具合や、理由としているデータの妥当性や信頼性を確認することが鵜呑みを回避することに有効です。

```
図表Ｖ─12─1　理解し、対話につながる聴き方

①聴きたい姿勢を示す
②目的に沿って聴く
③素直に聴き、理解することに集中する
④発言内容をメモする
⑤理解できたこと、できなかったことを分ける
⑥否定しない
⑦鵜呑みにしない
```

3. 理解し、対話につながるフィードバックの仕方

（1）発言者を評価し、ほめる

　聴き手は発言者が目的に沿って情報を集め、それらを読み取り、考え、まとめ、表現する過程を評価することが大切です。

　ほめる時は具体的にその部分を示し、どこが評価されたのを発言者が理解できるようにします。また、発言内容が初めて聴いた情報であるとか、視点が興味深い時などは対話に貢献することですから、それを評価し、その部分とその理由を伝えます。

（2）共感・同意を示す

　共感や同意は言葉だけでなく、聴きながら「うなずく」などの態度からも伝えます。

（3）発言内容の理解度を確認する

　理解できているかが不明な場合は、発言内容を言い換えるなどして理解度を確認します。

（4）理解するために発言者をサポートする

　発言内容がいろいろな方向に飛び、話にまとまりがなく理解が困難な場合は、話の流れを整理してもらうなど説明を補足する機会をつくります。必要に応じて聴いた内容を見える化して、発言者が言いたいことを確認します。

　見える化することは不明点を明確化し、その共有に役立ち、理解を促進します。発言の展開を矢印や図を活用することで全体構造を把握し、順序や内容を分類するなどの"見える化"は効果的です。なお、"見える化"は発言者だけでなく、聴き手が書き出し、「このように理解している」、「ここがつながらない」などを伝えることも有効です。

（5）反論には理由を述べる

　反論する場合は、その部分を特定します。そして、「なぜ、反対なのか」の反対理由や、「自分の考えと、その理由」を説明します。こうした対応が対話を深めていきます。

（6）態度・表情・声のトーンに気を付ける

　聴く際の態度・表情は聴いていることを発言者に伝える非言語メッセージです。発言者に不快感やプレッシャーを与えては、その後の対話に悪い影響を与えかねません。また、質問する際の言い方も大切です。例えば、発言者の発言内容の背景を知りたいときは、「根拠は何ですか！？」よりも「なぜ、そのような結論になったのでしょうか？」の方が、相手に質問の意図が伝わりやすくなり、適切な回答を引き出すことができます。

図表Ｖ―12－2　理解し、対話につながるフィードバック

①発言者を評価、ほめる
②共感・同意を示す
③発言内容の理解度を確認する
④理解するために発言者をサポートする
⑤反論には理由を述べる
⑥態度・表情・声のトーンに気を付ける

《コラム⑤：発言に対するフィードバックの伝え方》

　発言に対するフィードバックでは先に目的を伝えます。それによって発言者にフィードバック内容を適切に理解してもらい、それへの適切な対応が期待できます。例えば、「質問します。」、「質問が３つあります。」、「○さんの意見に賛成です（反対です）。」、「今の発言に補足します。」などです。

4．理解するために質問をする

（1）理解するための質問の種類

　理解するための質問には、㋐曖昧な内容や抽象的な表現や、㋑不明点、違和感に対して確認する場合があります。また、聴き逃しをしていないか、勘違いをしていないかなど㋒自分の理解度を確認する場合もあります。質問して具体的に説明してもらいます。例えば、「○○と理解していいですか？」、「○○と言っているのでしょうか？」などと表現します。質問するに当たっては、こんなことを聴いて馬鹿にされないか、失礼にならないかなどと思う必要はありません。

　また、㋓不足している情報を相手から引き出す場合も質問します。例えば、言いたいこと（結論）だけ発言して、その理由に触れていない場合は理由を確認します。他には㋔本音を引き出す場合もあります。

図表Ⅴ—12－3　理解するための質問

㋐曖昧な用語、抽象的な表現内容を具体化する
㋑不明点、違和感に対して確認する
㋒自分の理解度を確認する
㋓不足している情報を相手から引き出す
㋔本音を引き出す

（2）質問の仕方

　質問する際は、発言をさえぎらず、発言を最後まで聴き、それでも不明点がある場合には質問をします。また、回答が質問内容と異なっている場合は、こちらの質問を理解しているのかを確認

するか、別の表現で再度質問します。

　こうした取り組みは発言者を困らせるのではなく、発言者の言いたいことを理解するためであることを意識して行います。なお、このことは必要に応じて発言者に伝えます。こうした質問の仕方や配慮が互いの理解を深め、信頼感を高め、かみ合う対話につながります。

《コラム⑥：発言者が省略していることを引き出す》

　11章でも述べましたが、発言者は伝えたい内容の重要な「拠り所（前提）」にもかかわらず、発言内容が冗長になることを避けるために、自分にとっては“当然”と考えていることを省略して明言しない場合があります。例えば、基準、言葉の定義、視点などです。ただし、省略した部分が聴き手にとっても“当然のこと”であれば問題ありませんが、そうでない場合は、発言者の意図が伝わりにくくなり、聴き手が理解できなかったり、誤解してしまう場合があります。

　聴き手はその部分について質問を通じて確認し、理解を図ります。なお、発言者が省略する理由には、聴き手を意図的に誘導したり、丸め込むために意図的に省略する場合もあるので、対話目的のためにも聴き手は隠されている拠り所を引き出す必要があります。

（3）回答を急がせない

　質問に対する回答を考える時間は必要です。その時間は質問内容や、個々人の対応の仕方によって異なりますので、心掛けたいのは、「急がせず、考えている間」は忍耐強く待つことです。

（4）質問は一つずつ

　質問は一度に複数ではなく、一つずつ質問するほうが相手は答えやすく、効果的な質疑応答ができます。1度に複数の質問をする場合、質問者が長々と話すこともあり、何を聴きたいのか曖昧になる場合があります。複数質問する場合は、まず、質問の数を伝え、順に1つずつ丁寧に伝えます。例えば、質問が3つあれば、「質問が3つあります。まず、1つ目が・・・、2つ目は・・・、最後が・・・です」と伝えます。

　以上、12章では、聴き手が発言内容を理解するために有効なことを述べてきましたが、この内容は自分が発言者になった時に発言の準備、実施段階でも活用できる内容です。

　対話参加者は発言者であり、聴き手にもなります。聴き手の立場から発言することで聴き手の理解度が高まり、意見がかみ合い、深まり、対話の質が向上します。

13章　意見がかみ合い、深まる対話環境にする

1．意見がかみ合い、深まる対話ができる環境の大切さ

（1）対話の質を高める環境づくりと維持

　多様なメンバーからなる集団が生む複雑さや混乱を最小限に抑え、1章で確認した集団による対話のメリットを生み出す環境をつくり、維持することが対話の質に大きく影響します。なお、対話環境には対話の企画から実施までのプロセスや推進体制などが含まれます。

（2）協働における環境づくりと維持

　対話は協働活動です。多様なメンバーでの協働には、ひとり一人の意欲・能力（強み）を引き出し、相乗効果を生み出せる環境整備が必須です。特に、人間関係が大切な協働では、互いに敬意を払い、理解し合い、信頼関係を構築できる環境づくりと維持が求められます。

2．全員参画による環境づくり

（1）ひとり一人が目的達成の当事者

　対話環境づくりは参加メンバー全員が環境づくりの担い手としての意識を持ち、主体的に参画することが効果的です。本来あってはならないことですが、実施すること自体が手続き上必要であることから結論ありきで形式的に進める人（人達）もいます。〝形

式的な手続きとして”の対話にならないように参加メンバー全員が目的意識を持ち、当事者として対話環境をつくり、維持することは、対話の目的を実現するとともに対話に費やす時間・コストを押さえることにもなります。

（2）対話の質に影響する「対話マナーの徹底」

　対話マナーに反する言動や、その放置は対話の質を落とします。対話をはじめる前に、「人の意見を否定しないこと」などの対話マナーを守ることの大切さを全員で共有しても、対話をしているうちに忘れてしまい、対話マナーに反した発言をしてしまう人がいます。対話の質に影響することからも対話マナーの“徹底”は進行役だけに任せるのではなく、メンバー全員が関わることが求められます。

（3）プロジェクトリーダーやファシリテーターに依存しない 　　対話の環境づくり

　現状、対話の進行を安心して任せられるプロジェクトリーダーやファシリテーターがいない地域や組織があります。地域の問題解決においては、多様な政策領域がある中で、個々のテーマを検討するチームそれぞれに多様なメンバーによる対話を適切にさばき、目的を実現できる有能なプロジェクトリーダーやファシリテーターは現状、多いとは言えません。参加メンバー全員が対話環境づくりと維持に関わることが現実的です。

図表Ⅴ―13―1　環境づくりは全員が関わる

①ひとり一人が目的達成の当事者
②対話の質に影響する「対話マナーの徹底」に全員が関わる
③プロジェクトリーダーやファシリテーターに依存しない対話の環境づくり

《コラム⑦：ファシリテーター育成の機会》

　本書では、地域やチームの実情からファシリテーターに依存しない全員参画による対話環境づくりを提案し、その方法を述べています。ただし、協働による政策形成の実務ではファシリテーターの存在は極めて重要であり、それを担える人材が求められている地域、チームが多いのが現実です。特に、現状、参加者の多くが目的意識を持たず手段発想であり、取り組み姿勢が受け身的、場当たり的な傾向がある場合にはファシリテーターは必要です。ただし、効果的な進め方ができるファシリテーターであることが求められます。

　本書で提案している全員が対話の環境づくりに参加することは、対話を交通整理する方法を習得できることから、ファシリテーターを担う人材を育成する機会となります。

３．意見がかみ合い、深まる対話のために有効なこと

　　意見がかみ合い、深まる対話のためには「集団による対話から効果を生み出す条件を整えること」、「集団ゆえに懸念される状況を予防すること」、そして「問題発生時に早期・適切に対応できること」が求められます。

　　その実現のために具体的には、企画からはじまる対話の過程（①企画段階、②通知、③実施中の進行、④事後確認）の各段階において質の高い対話ができる環境をつくり、維持することが大切です。対話過程の段階別の環境づくりと維持の方法については、次の「４．対話過程における段階別の取り組み」で説明します。

4．対話過程における段階別の取り組み

　地域の問題解決プロジェクトやプロジェクト型人材育成などに
おいて、小規模なチームでは対話の企画・運営をプロジェクト
リーダーやファシリテーターだけが行うのではなく、対話毎にメ
ンバーが持ち回りで行う場合があります。以下では、対話毎に企
画・運営を担う担当者が行うべきことを述べています。

（1）企画段階
　対話を企画する際には次の9項目を具体的に固めます。まず、
「①明確な目的と具体的な目標を設定」します。プロジェクトに
おける対話の目的・目標には少なくとも大目的・目標と直接目的・
目標があります。例えば、地域の問題解決であれば、問題の解決
が大目的で、その具体的な到達点が大目標です。そして、「問題
設定」が今回の対話目的であれば、それが直接目的で、具体的な
到達点（問題を設定する）が直接目標です。また、「②当プロジェ
クトが行われるようになった背景」も整理しておきます。
　次に、「③対話目的に適したメンバーの選定」を行いますが、
目的実現にはメンバーの"多様性"と"独立性"を重視すること
が効果的です。なお、「④メンバーそれぞれへ期待する役割（専
門性、現場担当など、なぜ、メンバーとして選ばれたかの理由）
を明記」します。そして「⑤対話マナーを設定」します。対話マ
ナーは対話の質を落とさないために参加者として心掛けることを
理解してもらう必要がありますが、"ルール"として強制しても
効果はありません。なぜ、対話マナーが必要なのかの理由と内容
を事前に理解して参加してもらうために企画段階で作成し、事前
に周知します。

　主な対話マナーとしては、㋐対話の目的を忘れないこと、㋑肩書、立場、経験年数を忘れること、㋒全員が発言すること、㋓発言を理解することに努め、わからない場合は質問すること、㋔意見には、その理由を伝えること、㋕他のメンバーの意見を否定しないこと、㋖他のメンバーの発言は途中でさえぎらず最後まで聞くこと、㋗遠慮せずに本音を語ること、㋘人を攻撃しないことなどが挙げられます。

図表Ⅴ—13—2　対話マナーの例

㋐対話の目的を忘れないこと
㋑肩書、立場、経験年数を忘れること
㋒全員が発言すること
㋓発言を理解することに務め、わからない場合は質問すること
㋔意見には、その理由を伝えること
㋕他のメンバーの意見に否定しないこと
㋖発言の途中でさえぎらず最後まで聴くこと
㋗遠慮せずに本音を語ること
㋘人を攻撃しないこと

　対話の中で評価や選択が行われる場合は「⑥（評価や選択の）基準（案）」を設定しておきます。また、対話における役割を持ち回りで行う場合は、「⑦対話中の分担（書記、タイムキーパーなど）」を明記します。そして、「⑧開催日、開始時間と終了時間、場所、必要な設備・備品」を決めます。なお、「⑨対話中の進め方シナリオ」は作成しても大まかな流れと時間配分にしておき、当日はシナリオや時間に縛られず、当日達成したい目的・目標に向けて建設的な対話をすることを重視します。

```
          図表Ⅴ─13─3　対話の企画する項目
  ①明確な目的と具体的な目標
  ②当プロジェクトが行われるようになった背景
  ③対話目的に適したメンバーの選定
  ④メンバーそれぞれへ期待する役割
  ⑤対話マナー
  ⑥（評価や選択の）基準（案）の設定
  ⑦対話中の分担
  ⑧開催日、開始時間と終了時間、場所、必要な設備・備品
  ⑨対話中の進め方シナリオ
```

《コラム⑧：目標時間を決める》

　チーム対話を効果的、効率的に行うには目標時間を決めることが有効です。ただし、目標時間を決めて対話を行う場合、その時間内で有効な意思決定・合意形成を実現するために、㋐どのような手順で進めればよいのか、そのためには㋑何を準備するのか、㋒参加メンバーにはどのような準備をしてもらえばよいのかなどを企画段階で決める必要があります。

　こうした段取りができていなければ、目標時間を決めていても、場当たり的な展開になり、結果的に何も決まらないまま時間切れになってしまいます。

（2）通知

　通知は早めに行います。事前準備を求める場合は、その内容を具体的に記載します。プロジェクトの通知では、参加メンバーの上司に組織におけるプロジェクトの意義、メンバーとして参加することの意味を説明するなど動機づけるような対応を依頼することも大切です。

　プロジェクトは組織にとって既存部門では解決できない課題解決の取り組みであり、組織としても重要な取り組みのはずです。また、そこにメンバーを送ることは人材育成の機会であるとともに当人にとっても能力を開発できる貴重な体験です。

　プロジェクトメンバーとして選ばれた人がそれらの意義を理解し、自分に期待される役割を自覚することは大きな動機づけとなり、対話の質にも良い影響をもたらします。参加前にこうした動機づけを行うのは上司の役割でもあります。

（3）実施中の進行

1）対話のスタート時

　プロジェクトの大目的・目標と今回の対話の直接の目的・目標を共有からはじめます。そして、対話マナーの周知は必須です。ホワイトボードに書き出すか、記載したものを貼りだし、全員が対話中、意識できるようにします。これらは事前に通知していても実施前に全員で共有することが必要です。

2）発言しやすい雰囲気づくり

　対話のスタート段階では、誰も話し始めず、沈黙が発生します。この沈黙の背景には、㋐何も考えていないので、言うことがない場合、㋑自由に発言していいか迷っている場合、㋒自分の意見に自信がなく、発言に不安感を持っている場合などがあります。そして、対話当初の沈黙の背景に多いのが、㋓参加者が周りを様子見している場合です。

　その理由には他のメンバーの発言を待とう（自分からでなくともよい）と考えている場合や発言者の内容や発表の仕方から人柄や能力を判断しようとしている場合があります。また、他の人の

意見を聴き、周りの反応を見ようとしている場合もあります。

　こうした沈黙を発生させない、発生している時間を短くすることが重要です。そのために対話では、(a) 自由に話していいこと、(b) いろいろな観点からの多様な意見が必要なこと、(c) 対立など摩擦が起きることは対話目的に有効であり歓迎されること、(d) ひとり一人の役割の観点から話すことが期待されていることなどを事前に全員で共有することで、対話のスタート段階で自由な発言ができる環境づくりができます。例えば、メンバー紹介では、ひとり一人に期待される役割も含めた具体的な紹介をすることによって、メンバーにとっては自分の役割の観点から話しやすくなり、また聴き手もその人が選ばれた理由を知ることができ、自分と異なる視点からの情報に興味を持つなど聴く準備ができます。

　その他、対話のテーマ、目的に適した視点や切り口を用意することで、それに対しての意見を述べてもらうことも、はじめの沈黙時間を縮めることに役立ちます。例えば、問題設定について対話をする場合、問題を表現するための３つの要素である「目標」、「現状」、「不具合」を示し、それぞれについて話してもらうことなど、目的に適した視点やフレームを提示します。対話冒頭の進め方については【事例２】が参考になります。

図表Ⅴ—13－4　沈黙を回避するために対話前に全員で共有すること

(a) 自由に話していいこと
(b) いろいろな観点からの多様な意見が必要なこと
(c) 対立など摩擦が起きることは対話目的に有効であり歓迎すること
(d) ひとり一人の役割の観点から話すことが期待されていること

《コラム⑨：ひとり一人の意見を活かし、チームの意思決定に活かす方法》

　チーム対話のスタート時に発生する沈黙や特定の人だけが話すことの弊害は、ひとり一人が持っている貴重な情報が表に出ないことです。これを回避する有効な方法は、①ひとり一人が事前に「自分の意見（考え）」を書き出しておくことです。そのためには事前準備として対話項目についてのシートを配布しておきます。当日は、②ひとり一人が事前に作成したシートをもとにホワイトボードに書き出します。③書き出したものを発表と質疑応答を通じて全員が共有し、④チームの意思決定を書き出していきます。

　あくまでもこのプロセスは沈黙や特定の人の意見でチームの意思決定がされることを避けるためであり、ひとり一人の持つ貴重な情報をチームの意思決定に活かすためです。時間がかかりそうですが、ひとり一人が自分の意見を伝えることができ、その過程で曖昧な表現は確認し合い、足りない部分をメンバー間で補完し合い、それを共有することが可能となります。共有が可能になるのは、ひとり一人の意見が見える化されているからです。そして、見える化されたひとり一人の意見を見ながらチームとして意思を決定します。

　こうすることで全員が自分の考えを伝え、不十分な点を補完し合うことを通じて、全員が意見交換に参加し、全員で意思決定し、合意形成に関わることを可能にします。この過程を通じて効果的なチームビルディングができるとともに、発言を控えてしまいがちなメンバーの自信と意欲を高めることにもつながります。答えを創り上げる問題解決に慣れていない、かつ「自分の意見（考え）」をまとめ、発言することに慣れていないメンバーで構成されるチームでは極めて有効な方法です。

3）対話中の交通整理・マナーの徹底

　交通整理が必要な場合は進行役に依存せずに、参加者全員で対応します。以下では交通整理やマナーの徹底などが必要な状況別（㋐〜㋛）の基本的な対応方法と伝え方や表現例を説明します。発言についての曖昧な点や不十分な点に気づいてもらい、補足説明を促す意図で質問しても、自己主張で固まっている人や非難されたと受け止めてしまう人など指摘されることに慣れていない人もいます。指摘される側はひとり一人が異なった受け止め方をします。否定的にとらえ、対話に加わる意欲を失ってしまう人や根に持つ人もいます。こうして伝え方・表現は大きな影響を及ぼしますので、柔らかく、丁寧に伝えます。また、表現は"質問形式"が有効です。

「交通整理」

　交通整理が必要な状況として、「㋐発言や議論がテーマや目的から離れはじめた時」です。例えば、発言内容が横道にそれ始めた時は、内容を認めた上で「○さんが伝えたいことは理解できました。しかし、少しテーマから離れているようですから本題に戻しませんか？」、または、「□さんの意見は興味深いのですが、今は○○について意見交換をしています。その内容は、この後に意見交換をしますので、少々お待ちください。忘れないようにホワイトボードに書いておきます。」、「本日の対話の目的は○○です。目的に沿った意見をお願いします。」、「確認ですが、本日の対話の目的は何でしたでしょうか？」などと軌道修正を図ります。

　「㋑意見の対立が起きた時」は、摩擦を生むような多様な意見を歓迎し、建設的な意見交換の機会であることを全員で共有しま

す。その上で対立している意見のどこが、どう異なるのかを整理します。例えば、異なる対策（手段）間の対立である場合、目的に照らしながら比較をしたり、他の代替案（対立している対策以外の第三の案）を検討する方向に持っていくなど対話の目的を重視した意見交換を促進します。

　発言の例としては、「○○と□□の違いを整理しましょう。私が比較表をホワイトボードに書いてみます。」または、「AさんはBさんの意見に反対のようですが、その理由を説明していただけますか？」、「BさんはAさんの意見のどの部分に反対なのでしょうか？」など理由の説明を求めます。

　対策（手段）の対立の場合、「それぞれの対策の目的を明らかにしませんか？　Bさんからお願いします。」など、それぞれの手段の目的を明らかにし、確認します。そして、なぜ、その対策が効果的なのかの理由が曖昧な場合は、「お互いの対策の効果性を示す理由を具体化する必要があります。○○についての調査・分析をしてみませんか？」などで整理し、前進するようにします。

　「㋒話が煮詰まった時」は、そこで満足せずに、今までの内容を整理・見える化して漏れがないかを確認することから始めます。また、新たな視点や反対の視点で意見を募ることも対話の目的達成には有効です。

　発言の例として、「意見が煮詰まってきたようです。ここで一度視点を変えて、□□の側面から話し合いませんか？」、「広い視点で話し合いませんか？」、「反対の視点から意見を出してみませんか？」、「○○について、具体例を話していただけますか？」、「仮に□□だとしたら、どう考えますか？」、「もう少し、別の選択肢を出しませんか？」などが挙げられます。なお、なかなか意見が出ない場合は、一度、「考える時間」を取ります。その後、考え

たことをひとり一人に発言してもらうことなどは、新たな意見が
期待できます。

　「㊤意見が一定の方向に偏っている、誘導されている傾向が見
られる時」にも交通整理を行います。特定の意見に影響され、そ
れに同調する意見が出るなど意見が偏っている傾向が見られる場
合、例えば、「ＣさんはＤさんと同じ意見のようですが、その理
由を説明していただけますか？」、「ＣさんはＤさんに共感され
ているようです。Ｄさんの意見で何か気になる点はありません
か？」、などそれぞれの意見に理由を述べてもらい、本人の意見
を引き出します。また、「反対の視点から意見を出してみません
か？」も方向性を確認する点で効果があります。

　「㊥意見が拡散している時」は、それまでの意見を整理します。
整理することはメンバーの集中力を高めることにもつながりま
す。発言の例では、「多様な意見が出てきました。ここまでの意
見を整理しませんか？」、「私が今までの意見をホワイトボードに
整理しますので、皆さんで漏れや表現に誤りがないか、確認して
いただけますか？」、「対話の目的よりも内容が広がってきたよう
です。ここで一度、整理しませんか？」などです。

　「㊦話が長く要領を得ない発言をする人」には、例えば、「一言
で言うと、どういうことになりますか？」、「Ｅさんの伝えたいこ
とは、○○ということでよろしいですか？」などと質問し、気づ
いてもらうことは本人が言いたいことを聴き手に理解してもらう
ためにも重要です。なお、「何が言いたいんですか！？」などの
表現は相手を見下したように受け止められてしまうので避けま
す。不快感を与え、その後の参加度に影響しかねません。

　「㋖発言内容が複雑な場合」は、「Ｆさんの発言で多少、分かりにくい部分がありました。□□部分を改めてご説明いただけますか？」、「Ｇさんの発言に出てきた□□と△△の関係性を具体的に説明していただけますか？」など補足説明を引き出します。

図表Ⅴ—13 - 5　「交通整理」が必要な時

㋐テーマや目的からズレはじめた時
㋑意見の対立が起きた時
㋒話が煮詰まった（行き詰まりとは違う）時
㋓意見が一定の方向に偏っている、誘導されている傾向が見られる時
㋔意見が拡散している時
㋕話が長く要領を得ない発言をする人
㋖発言内容が複雑な場合

《コラム⑩：交通整理に活かす質問の種類》

　交通整理には「質問表現」を使うことが効果的です。質問は次のような分類による整理ができます。まず、①形式面からは、「㋐ Yes ／ No 質問（例：賛成ですか？）」：はい、いいえで答えてもらう質問です。内容の確認や対象を絞り込むことに適しています。そして、「㋑ 5Ｗ 1Ｈ 質問」：What, When, Why, Who, Where, How などの疑問視を使った質問です。相手に自由に回答してもらう場面に適しています。

　②目的面からは、「㋐理解のため」の質問（例：具体的には？）」、「㋑発言の理由確認のため」の質問（例：なぜ、そう考えますか？）」、「㋒追加促進のための」質問（他にありませんか？）があります。

　③対話状況面からは、話が煮詰まってきている場合などは「㋐拡大型」の質問（別の視点からの意見はありませんか？）をします。また、内容

が抽象的・曖昧な場合は「㋑限定型」の質問（高いとは、金額でいくらですか？）のように具体的な表現を引き出します。

「対話マナーの徹底」

㋐感情的、㋑攻撃的・高圧的、㋒否定的な発言が起き始めた時は「対話マナーの徹底」が必要です。対処にあたっては否定的な指摘をするのではなく、本人に気づいてもらうことが大切です。そのためにも対話マナーを見える化して示しておくことは効果的です。

感情的な発言に対しては、「Hさんの発言は□□ということでよろしいでしょうか？　多少感情的に聞こえましたが、冷静にお願いできますか？」、人への攻撃には、「人への攻撃ではなく、議論の内容についての意見をお願いできますか？」、否定的な発言には、「Iさんのような見方もありますね。他のメンバーの皆さん、別の意見はありませんか？」などが活用できます。

図表Ⅴ－13－6　「マナーの徹底」が必要な状況

㋐感情的になっていなる
㋑攻撃的、高圧的になっている
㋒否定的な発言になっている

「対話全般」

対話の過程で全員が意識したいことに、㋐皆の発言機会は公平になっているかがあります。㋑自由に意見を述べることができる雰囲気を維持しているかなどは、気づいた人が指摘し、適時、発言機会をつくったり、遠慮しているような表現からは、本音を引き出す質問をします。そして、㋒結論を急がずに十分な議論を行

うように全員が心掛けることも大切です。結論を急ぐ雰囲気がある場合は「まだ、意見が出尽くしていないようです。もう少し、意見交換をしませんか？」などと対話を深めるように促します。

図表Ｖ－13－7　「対話全般」として全員が留意したいこと

㋐皆に平等の発言機会を与えられているか
㋑自由に意見を述べることができる雰囲気を維持しているか
㋒結論を急がずに十分な議論を行うように全員が心掛けているか

《コラム⑪：対話中に発言をしない理由》

（1）発言しない主な理由

　対話中に発言をしない人がいます。主な理由としては、㋐言いたい想いはあっても、まとまっていない、㋑遠慮している、㋒自分の意見に自信がない、㋓否定されるのが怖い、㋔既に別の人が言ってしまっていると考えている、㋕誰かが話すだろう、㋖他のメンバーが話しているから自分は話さなくともよい、㋗対話の内容が理解できていない、㋘テーマに興味がない、㋙別のことを考えている、㋚早く終わってほしいなどが挙げられます。

図表Ｖ－13－8　発言しない主な理由

㋐言いたい想いはあっても、自身でまとまっていない
㋑遠慮している
㋒自分の意見に自信がない
㋓否定されるのが怖い
㋔既に別の人が言ってしまっている
㋕誰かが話すだろう
㋖他のメンバーが話しているから自分は話さなくともよい
㋗対話の内容が理解できていない
㋘テーマに興味がない
㋙別のことを考えている
㋚早く終わってほしい

　まずは、発言の機会を作ることが大切です。例えば、その人の所属や役割などからの意見を引き出すようにします。現場の担当者であれば、その立場からの意見を引き出します。「対策案について現場担当者としては実現可能と考えますか？　何か、実施を妨げるものは考えられますか？」などです。

　また、話しやすいような視点（反対意見は？　原因を掘り下げると？）を示したり、今まで「コスト」の話をしていたなら、「質」についての意見を求めてみます。他には「感想でもいいので気になった点はありませんか？」などがあります。

（2）発言を動機づける機会にする

　発言の機会を作る場合に大切なことは、聴き手が発言を受け止め、評価する姿勢を示すことです。それにより発言者が「聴いてくれる、評価してくれる」と感じることは更なる発言を動機づけることになるからです。

　12章でも説明した対話につなげる聴き方として、㋐発言に感謝する、㋑発言内容に関心を示す、㋒ほめる・評価する、㋓共感・同意を示す（うなずくなど）、㋔理解していることを伝える、㋕確認のための質問をする、㋖否定しない、まず受け止める（○さんの言う通りかもしれませんね）などが効果的です。

　大切なことなので繰り返して述べますが、対話中の「交通整理」や「マナー徹底」は進行役に任せるのではなく、気づいたメンバーが自発的に行うことが良い対話環境の維持に効果的です。

　進行役だけでは多様な兆候を察し、丁寧に対応するには限界があります。全員がアンテナを張り、言葉遣いや態度に気になる点があれば、後で伝えるのではなく、その時点で確認し合うことでより効果的・効率的な対話を実現します。

４）共有のために " 見える化 " を活用する

　現状までに発言された意見を " 見える化 " することは、今まで対話の結果（現状の到達点）を共有でき、漏れがないか、不明点はないかの確認ができます。加えて、今後、検討すべきことを確認できます。

　" 見える化 " は単なる列挙ではなく、分類、比較、順番、過程、原因追及など目的に合った視点やフレームワークなどを使うことで、それまでの意見の全体像が整理でき、対話の質の向上にも効果的です。例えば、原因の洗い出しには「結果―原因のロジックツリー（参照：図表Ⅳ-15-5）」を使うことで原因について漏れなく、ダブりなく、深堀りすることを可能にします。このような整理ができれば、次のステップである対策立案に効果的な情報が得られます。視点やフレームワークを使った " 見える化 " を活用することで、目的に沿った方向に焦点化でき、メンバーが考えることに集中することができます。

　このように " 見える化 " は意見の共有に有効な手段ですが、発言者の曖昧な表現をそのまま書くことは避けなければなりません。曖昧な場合は発言者に確認しながら具体的な表現で書かなければ、全員で共有することができず、" 見える化 " の効果が薄れるからです。なお、発言を聴きながらツリー図を描くことに慣れていない場合は、まずは意見を列挙して、それらをツリー図に整理する段階を踏む方法が有効です。

５）議論を尽くした意思決定と合意形成

　対話の目的を達成するには議論が尽くされた上で意思決定され、合意が形成されなければなりません。決して結論を急がず、話し合いに漏れはないか、偏った方向に行っていないかなどを確

認します。多様な視点による意見交換から対話目的に適した結論を出し、共有することをめざしてきたことを忘れず、前向きに粘り強く対話することが望まれます。

　意見交換が行き詰った場合は休憩を取ります。場合によっては日を改めて行うなど議論を尽くすことを重視します。なお、対話が停滞している要因として不十分な点は何か、不足している情報は何かを明確にし、その対応を行うことも有効です。また、結論を急ぐあまりに構築してきたメンバー間の関係性を壊すことがないように配慮しながら対話を進めることが大切です。合意形成においても合意できている内容と合意できていない内容を明確にします。その上で合意するために必要な点を満たすための検討を行うなどの丁寧な取り組みを行います。

《コラム⑫：合意形成に向けた手法》

　評価基準による選択肢ごとの評価を表記し、比較検討材料とします。評価方法としては数値化できる場合は定量的に表現し、数値化できない場合は◎、○、▲で表し（定性評価）ます。

図表Ⅴ—13—9　「評価マトリックス」

	基準1	基準2	基準3	基準4
A案	○	▲	◎	▲
B案	◎	◎	○	○
C案	○	▲	○	◎

◎, ○, ▲・・・基準に対する評価結果（程度）を表す。

　他の比較表として「評価視点重み付け表」は、例えば、収益性、実現性 など評価項目それぞれの重要度に応じて重みをつけ、採点していきます。

図表Ⅴ―13 － 10　「評価視点重み付け表」

	収益性	実現性		合計
	×3.5	×2.0	×2.5	
A案				
B案				
C案				
D案				

　「メリット・デメリット比較表」は、選択肢それぞれのメリットとデメリットを列挙します。

図表Ⅴ―13 － 11　「メリット・デメリット比較表」

	メリット	デメリット
A案	① ② ③	① ② ③
B案	① ② ③	① ② ③

　また、対策や活動の重点化・優先順位をつける場合には「成果度（高い―低い）」と「活動難易度（高い―低い）」の軸を活用します。

図表Ⅴ―13 － 12　「重点化・優先順位化表」

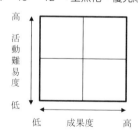

　どの手法を活用する場合も対策や活動内容を具体的に記述する必要があります。曖昧な表現では適切な評価や比較ができません。

6）対話中の役割は交代で行う

　対話中は基本的に進行役に依存せずに、全員が交通整理に関りながら対話環境づくりに貢献します。特に小規模チームの場合、進行役も発言者、聴き手としての役割を担います。そのためにも進行役、ホワイトボードへの記入役などは交代で行います。公平な役割を担うことで全員が対話に参加でき、対話の質を高めることになります。

7）まとめと次回に向けて

　対話のまとめとして、今回の決定事項、今後の課題、次回の予定、次回までにすることを確認します。なお、活動・作業分担は特定個人への負荷を避け、メンバーの負荷を平準化します。

（4）対話後（事後確認）

　決定事項の確認や今後の活動を全員が共有できるように議事録などを作成し、保存します。上記「7）まとめと次回に向けて」の項目をホワイトボードに記載した場合は、それぞれのメンバーが自らの携帯の写真機能を使い、各自保存するなど手間をかけない工夫も大切です。

《コラム⑬：チームビルディングの重要性》

　多様なメンバーによるプロジェクト活動では、メンバー全員が同じ方向を向き、活動を分担しながら建設的な意見交換をすることが求められます。しかし、実際のチーム運営ではうまくいかない場合もあります。それを放置していては、メンバーの意欲がなくなり、活動は停滞し、プロジェクトの目的が達成できません。こうした状況は早期に発見し、迅速、適切に対応することが求められます。

　例えば、「はじめに」で紹介した「政策研究プロジェクト」は少人数のチームのため、観察によってチーム活動がうまくいっていない状況を察知でき、適時対応が行えます。ただし、外部からは察知できない場合もあることから、全メンバーがチームビルディングの大切さに気づき、互いにアラームを発信し、チームとして対処できるように、プロジェクトが始まってから一定の期間経過後、「チーム活動状況アンケート」を匿名で行います。

　アンケート項目は、目的達成を協働で行うためのチェックリストになっているので、回答しながら改めて協働に重要な項目について再確認できるとともに、現状のチーム活動への不満や不安、そして自身の活動への反省を自由に記載できるようになっています。こうした内容を回答しながらチームの課題について気づく機会を設けています。

　アンケートの集計後は、必要に応じて講師も加わった「語り合い」を行い、方向性の再確認と軌道修正を行います。状況によってはチーム以外の第三者が関わることも大切です。

【事例2：対話の環境づくり】

　対話スタート段階での初対面のメンバーが話しやすくするための環境づくりについての事例です。

K課長：本日はお集まりいただきありがとうございます。組織全体が関わるシステムを導入するXプロジェクトのプロジェクトマネージャーに選ばれましたKです。メールでも事前に目的・背景を連絡しましたが、本日のミーティングは、Xプロジェクトを成功させるために、過去のプロジェクトを振り返り、うまく出来なかった原因を洗い出したいと思っています。

　ミーティングに入る前に、初対面の方もいるでしょうから、私から皆さんを紹介します。Aさんは以前のYプロジェクトメンバーで、私からの無理難題に答えてくれた(微笑み)優秀なシステムエンジニア(SE)です。特に要件定義を行う役割の面から意見を期待しています。Bさんは先日、完了したZプロジェクトのメンバーでした。ご存じのように納期が遅れるなど問題のあったプロジェクトで限られた日程の調整やM部長とのやり取りで私といっしょに戦って(微笑み)くれました。計画策定や進行管理などプロジェクトマネジメントの観点から率直な意見を、と言わなくても、いろいろとたまっていることを吐き出して下さい（笑い）。

B氏：K課長もご存じの通り、Zプロジェクトでは、いろいろな勉強をさせてもらいました（笑い）。それをこのプロジェクトに活かせればと思います。

K課長：生々しい情報（微笑み）を期待しています。次にCさんも
　　　　Zプロジェクトのプログラマーで私と同じグループで汗を流して
　　　　（微笑み）くれました。Cさんには実際に現場で開発を行うプロ
　　　　グラマーという視点から意見をいただければと思っています。

C氏：AさんもK課長のもとで苦労したんですね（笑い）。

A氏：はい。皆さんには親近感が沸きます（笑い）。よろしくお願
　　　いします。

K課長：そして、Dさんは・・・・

---- 中略 ----

P課長：それでは、始めたいと思いますが、意見交換を効率的に進
　　　　めるために目的にそった視点を考えてきました。プロジェクトが
　　　　目指した品質（Quality）、コスト（Cost）、納期（Delivery）の3
　　　　つの目標の観点から、それぞれの原因を出していくのが具体的な
　　　　意見が出やすいと思います。例えば、納期が遅れた原因を発言し
　　　　てもらう進め方ですが、いかがでしょうか。

A氏：話しやすい切り口で良いと思います。

K課長：では始めましょう。ホワイトボードに3つ（品質、コスト、
　　　　納期）を書いておきますね。それでは、始めましょうか。

---- 以下略 ----

VI編　チーム対話に貢献する参加メンバーに変わる

　VI編は、IV編10章で設定した3つの課題を克服するための対策を提案します。14章では、発言者が「自分の意見（考え）」を創り出すために、ひとり一人が「主体的に考え、まとめる」方法やツールについて説明します。15章は、計画的・自発的な活動のための「準備」の重要性を確認し、準備する内容とその方法について、そして、16章では、「質の高い問題解決活動」をするために、参加メンバーひとり一人が、問題解決において重要な項目を知り、それを実践するための方法を述べています。

14章　「自分の意見（考え）」を創り出す

1．対話における「自分の意見（考え）」

（1）意思決定

　「自分の意見（考え）」とは、主体的に考えることを通じて自ら決めた結論のことです。チーム対話では参加メンバーひとり一人が「自分の意見（考え）」を持ち寄ることが期待されます。しかし、主体的に考えることに苦手意識を持ち、考えてはいるが「意見がまとまらない」、「考え出した自分の意見（結論）に自信がない」などチーム対話で自分の意見を発言することに不安を持っている人がいます。

　このようなメンバーは「自分の意見（考え）」を創り、まとめる方法を理解し、それを実務に活かすことが効果的です。次の（2）以降で、「自分の意見（考え）」を創り出すために「主体的に考え、まとめる」方法について述べていきます。

（2）「自分の意見（考え）」の表現形式

　基本は11章でも述べた「私は、○○と考えます。なぜならば、□□だからです」のように「①言いたいこと（結論）」とその「②理由（なぜ、その結論になったのか）」を組み合わせる形式となります。

　「①言いたいこと（結論）」を理解してもらうためには、「②理由」が「①言いたいこと（結論）」を強く支えていることが求められます。なお、一般的に「②理由」を「根拠」と表現することもあ

りますが、本書では「自分の意見（考え）」が“なぜ、そう言えるのか”を説明する観点から「理由」としています。

こうして「自分の意見（考え）」の基本単位は「①言いたいこと（結論）」と、その「②理由」です。多様な内容を表現する場合は、複数の「基本単位（①と②）」の関係性を構築しながら組み立てます。

2．主体的に考えること

（1）「考える」とは

「考える」とは、結論（自分の意見）を“決める”ことまで含まれます。なお、自分では考えていると思っていても、頭の中ではまとまっていない情報が堂々巡りして“思い悩んでいる”状態では結論（自分の意見）へ向けて前進できません。

（2）「思い悩む」から「考える」へ

思い悩む状態から「考える」状態へできるだけ早く進むことが大切です。そのためには、㋐目的を拠り所に「何をどのように」まとめるかを検討することや、㋑「考え、まとめる枠組み（ツール）」を使い、思い巡っている頭の中を「形（言語化）」で表現することが有効です。「考え、まとめる枠組み（ツール）」については「4．筋道立てた考え方の枠組みを活用する」で内容とその活用方法を説明します。

（3）対話のために「考える」際に重視すること

1）目的・役割意識を持つこと

対話の「目的・目標」を理解し、ひとり一人に求められる「役割」を自覚することです。それらを考える拠り所とします。

2）白紙の状態で考える

　固定観念、前例、現状の制約に影響されることなく、白紙の状態（ゼロベース）から考えます。

3）事実に基づいて考える

　考えた結果、決めた内容が適切であり、それが聴き手に納得されるには、「事実」に基づき考え、判断することが有効です。

```
図表Ⅵ—14-1　対話のために「考える」際に重視すること
①目的・役割意識を持つこと
②白紙の状態で考える
③事実に基づいて考える
```

3．「自分の意見（考え）」のまとめ方の基本

（1）基本的な考え方

　対話における「自分の意見（考え）」は、㋐その目的に適した内容でなければなりません。そして、㋑それが聴き手に理解されなければなりません。こうした自分の意見を創るために「筋道立てて考え、まとめる」ことが効果的です。

（2）筋道立てて考え、まとめる

　頭の中で思い巡らせている中で、言いたいことが整理できたと思ったことを「形（言語化）」として表現しようしても困難な場合があります。それは、いろいろな項目が整理しきれていないからです。

　対話目的に適した「自分の意見（考え）」を創り、伝わるよう

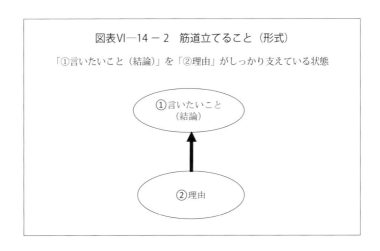

図表Ⅵ—14 − 2　筋道立てること（形式）

「①言いたいこと（結論）」を「②理由」がしっかり支えている状態

にまとめるには“筋道立てて考える”ことが有効です。筋道立てるとは、「①言いたいこと（結論）」を、その「②理由」がしっかり支えている状態に組み立てることです。

　「②理由」とは、「①言いたいこと（結論）」の裏づけとなる内容です。「②理由」が「①言いたいこと（結論）」をしっかり支えていれば、聴き手は「②だから、①であると言えるのですね」となります。そのために「②理由」は、「①言いたいこと（結論）」の裏付けとして、聴き手に受け入れられることが求められます。

　なお、「②理由」が「①言いたいこと（結論）」を支える“形式”となっていても筋道が立っていない（通っていない）場合もありますので確認が必要です。その確認の方法は、「５.「自分の意見（考え）」の“質を高める”」で説明します。

（3）筋道立てて伝える

　筋道立てて伝えることで発言者の説得力を強化し、聴き手に納得してもらえるようになります。特に異なる意見を持っている聴き手には筋道立てた説明が有効です。なお、そもそも発言者は説

明の前に自分自身が腑に落ちている必要があり、そのためにも筋道を立てて考えをまとめることは大切です。

　「結論」と「理由」を使った伝え方としては、「㋐結論A、なぜなら、理由B」または、「㋑理由B、従って、結論A」があります。㋐の場合は、「なぜなら」を使い、A→Bの関係を筋道立てて説明します。この関係性を表す接続詞は「なぜなら」以外に「なぜかというと」、「その理由は」、「というのは」などが使われます。

　㋑の場合、「従って」を使ってB→Aの筋道立てた関係を説明します。この関係性を表す接続詞は「従って」以外に「ゆえに」や「よって」などが使われます。

　「①言いたいこと（結論）」を支える「②理由」は1つとは限りません。結論をしっかり支える理由が複数あることもあります。「私は○○と思います。その理由は次の3つです。1つ目・・・、2つ目・・・、3つ目・・・」などと表現します。

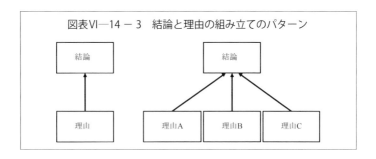

図表Ⅵ―14－3　結論と理由の組み立てのパターン

4．「筋道立てて考える枠組み」を活用する

（1）「筋道立てて考える枠組み」を使い、「自分の意見（考え）」を見える化する

筋道立てて考えるために「筋道立てて考える枠組み」の活用が役立ちます。「筋道立てて考える枠組み」の基本は、「①言いたいこと（結論）」とその「②理由」ですが、「②理由」を㋐事実と㋑理由づけに分けて構造的に整理するツールです。この枠組みを使い、「①言いたいこと（結論）」に至った“筋道”を明らかにします。

図表Ⅵ—14－4　筋道立てて考える枠組みの構造

「①言いたいこと（結論）」と「②理由（㋐事実と㋑理由づけ）」の関係性

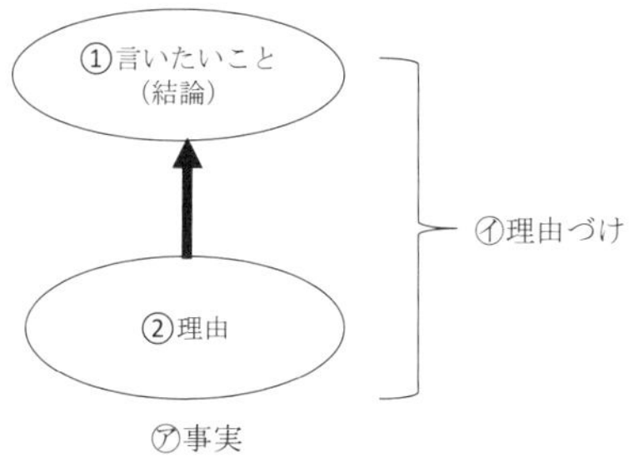

「②理由－㋐事実」は、適切な方法による調査、実験、観察などからの事実（データ）であれば「①言いたいこと（結論）」を強く支えます。なお、「②－㋐事実（データ）」の信頼性が伝わるために情報源（出所）などを明記します。

「②－㋑理由づけ」は「①言いたいこと（結論）」と「②－㋐事実」の関係が適切である理由を説明する役割を担います。なぜ、「②－㋐事実」から「①結論」が言えるのかの理由を説明しています。「②－㋑理由づけ」には「一般的に世の中で認められている考え方、

基準・ルール」や「既に証明された公理、原則」などが使われますが、聴き手が「納得感」を得られるものを使う工夫が必要です。

（2）「筋道立てて考える枠組み」の構造の例

「筋道立てて考える枠組み」の構造の例として、「①言いたいこと（結論）」：この契約書は受理できません。「②－㋐事実」：○○書類が不備です。「②－㋑理由づけ」：審査基準に○○書類が必須条件（だから）です。この場合、本来、当業務の関係者間では、②－㋑は了解事項（のはず）ですが、②－㋑まで丁寧に説明すると不受理についての納得度が高まります。

問題解決の例として、「①言いたいこと（結論）」：○○ミスへの対策は□□です。「②－㋐事実」：○○ミスの原因は△△でした。「②－㋑理由づけ」：原因（△△）に対応した対策（□□）は○○ミス発生の再発防止に有効（だから）です。

この場合の「②－㋑理由づけ」は効果的な対策を立案するための拠り所です。原因に対応する対策立案は問題解決の取り組みとして認められている考え方であり、それを採用した立案の拠り所としています。

どちらの例も「①言いたいこと（結論）」と「②－㋐事実」だけでは理解（納得）されない人には、「②－㋑理由づけ」を説明することで理解（納得）が得られやすくなります。つまり、「②－㋑理由づけ」は言わなくとも理解される場合がありますが、そうでない人には説明することで「①言いたいこと（結論）」が受け入れられやすくなる情報です。

また、「②－㋑理由づけ」の説明には次のようなメリットもあります。例えば、提出書類を受付ける窓口担当者は、提出者が契約書審査基準を知っていて当然という態度ではなく、受理できない理由の丁寧な説明により提出者が納得し、その場でのやり取りが

効果的（目的の達成）・効率的（短い時間での対応）になります。また、「②－㋑理由づけ」を伴った説明をすることは、修正への情報提供でもあるとともに、今後、類似業務においても正しく提出してもらうことにもつながり、お互いの業務効率化に貢献します。

一方で、聴く方も発言内容を理解し、納得するには、結論の拠り所（前提）である「②－㋑理由づけ」を明らかにすることが大切です。そのためにそれを発言者から引き出す質問をします。

こうした「筋道立てて考える枠組み」を構成する項目を整理、確認することは、情報を共有するだけではなく、内容を深めたり、拡げたりすることもでき、目的に適した対話の実現に役立ちます。なお、「筋道立てて考える枠組み」を構成する３つの伝え方については、内容によっては、「②－㋐事実」です。よって、「①言いたいこと（結論）」。なぜならば、「②－㋑理由づけ」だからです。という流れでの表現もあります。

《コラム⑭：「②理由」に使う情報（データ）》

「①言いたいこと（結論）」を支える「②理由」に使う情報（データ）には、定量的情報（データ）と定性的情報（データ）があります。

定量的情報には数量によって表される定量データや確率などがあります。記述表現である定性データと異なり、定量データは数値であることから計算や分析が行いやすいことから対象の特性を具体的に把握しやすく、それが判断に活かされています。また、確率は「確実さの度合い（確からしさ）を定量的に示したもの」であり、判断に活かせるとともに説明において判断の有効性を示すことに使えます。

一方、定性的情報（データ）は、文字テキストや文章が中心です。生々しい記述から問題の多角的・包括的把握や考察に重要な役割を果たすと

説明されます。「②理由」として使う場合、聴き手が「①言いたいこと（結論）」を受け入れる内容・表現が求められます。そのためには主観的ととらえられる内容や感覚的な表現は避けなければなりません。

現在、多くの地域では、そこで発生している問題に関する定量データが存在しないことが実情です。また、今まで認知・共有されてこなかった問題についても定量データは存在しないことから、こうした政策領域・テーマについては「定性的情報」を効果的に活用・表現することが求められます。

（3）大切な「理由づけ」

同じ知識を持つ人への説明では、「②－㋐事実」のみを理由としても 相手に理解される可能性も高いのですが、そうでない場合に自分の「①言いたいこと（結論）」を理解してもらうには、「②－㋐事実」から「①言いたいこと（結論）」を導くための「②－㋑理由づけ」の補完があると理解されやすくなります。

「②－㋑理由づけ」を加えることは、「①言いたいこと（結論）」が正しいことの確認ができます。このことは「説得力」を見極めることであり、それにより⒜自分自身で「言いたいこと」に自信が持てること。そして⒝聴き手に納得されやすくなります。

こうして「自分の意見（考え）」をまとめる際に、「①言いたいこと（結論）」と「②－㋐事実」をつなぐ「②－㋑理由づけ」を添えることで、筋道が通るようになり、聴き手にも理解されやすくなります。

《コラム⑮：「筋道立てて考える枠組み」における「理由づけ」の例》

（1）用語に関する説明

　「考える枠組み」を活用した例として、「①結論」：ラッコは保護しなければならない。なぜならば「②−㋐事実」：「環境省レッドリスト2020」で絶滅危惧 I A 類に分類されている（から）。そして、「②−㋑理由づけ」：「環境省版レッドリスト2020」とは絶滅のおそれのある野生生物の種のリストです。日本に生息又は生育する野生生物について、専門家で構成される検討会が、生物学的観点から個々の種の絶滅の危険度を科学的・客観的に評価し、その結果をリストにまとめたもの（出典：環境省ホームページ）である。

　上記の例では、「①結論」：ラッコは保護しなければならないと「②−㋐事実」：環境省レッドリスト2020で絶滅危惧 I A 類に分類されているだけでは、なぜ、ラッコを保護しなければならないかを理解できない人がいます。レッドリストを知らない人です。そこで、「②−㋐事実」を補完する「②−㋑理由づけ」の説明を加えることで、「①結論」が理解されやすくなります。

（2）データに関する説明

　別の例として、「①結論」：ウォーキングを始めます。なぜならば「②−㋐事実」：健康診断の結果、LDL コレステロールが 140㎎/dl でした（から）。そして、「②−㋑理由づけ」：LDL コレステロールの基準値は、60から 119㎎/dl であり、赤字で H（高い）と表示され、コメント欄にバランスの良い食事と適度な運動を心掛けてくださいと記載されていました。

　この例では、「①結論」：ウォーキングを始めることに対して、「②−㋐事実（データ）」：健康診断の結果、LDL コレステロールが 140㎎/dl だったというデータだけでは、なぜ、「①結論」になるのかが理解できない人がいるため「②−㋑理由づけ」で補足をします。なお、医療関係の人であれば、「②−㋑理由づけ」の説明は不要かもしれません。にもかかわらず

説明すると冗長になるとともに、聴き手にくどいと感じられてしまう可能性がありますので聴き手は「誰なのか」を見極めることも大切です。

（4）「筋道立てて考える枠組み」を提案する理由

1）伝わる内容へ整理する

　対話において「筋道立てて考える枠組み」の活用を勧める理由には、4章－2.で説明した「自分の意見（考え）」が聴き手に伝わっていない理由（㋐〜㋖）を防止するためです。特に、㋐発言が言いたいこと（結論）だけで、その理由を言わないこと、㋑理由を言っても、言いたいこと（結論）とのつながりが弱いこと。そして、㋒表現が抽象的、曖昧、感覚的になっていることを回避するためです。

2）時間を節約する

　筋道立てた説明は「自分の意見（考え）」を理解・納得してもらうために有効ですが「一定の時間」を要します。また、集中力や注意力も必要ですし、それを可能にする環境整備も求められるなど筋道立てて考え、まとめるにはいろいろな制約があります。こうした制約に対応するために「筋道立てて考える枠組み」の活用は、"時間を節約する"とともに"内容の質を高める"ことに役立ちます。

3）筋道立てて考えることに慣れる

　筋道立てて考え、まとめることに慣れていない人は、「筋道立てて考える枠組み」の構造から「自分の意見（考え）」が聴き手に伝わるために大切な項目に"気づく"ことができます。

そして、「枠組みを活用する」ことで、伝えたいことを“見える化”し、「自分の意見（考え）」を自分自身で確認するとともに、聴き手に理解される経験を通じて、筋道立てて考え、まとめることに慣れていくことができます。

（5）「筋道立てて考える枠組み」活用のメリット

「筋道立てて考える枠組み」を活用することのメリットとして、まず、①「自分の意見（考え）」を創る際に、㋐意見（考え）の組み立てが素早くできることです。そして、㋑組み立てた意見（考え）の適切さを確認しやすいことです。確認を通じて、㋒より適切な意思決定が行われます。このことにより㋓自分の意見（考え）が腑に落ち、意見に自信を持って対話に臨めるようになります。また、㋔自分で考えるために集めた知識・情報の妥当性や信頼性の確認にも役立てることもできます。

次に、②対話においては説明に対して、㋐聴き手の理解・共感を得やすくなることです。特に、聴き手の納得が求められる場合、発言者は「なぜ、そう言えるのかを筋道立てて」説明することが有効です。

また、㋑聴き手からの曖昧さや誤りへ迅速・適切な対応ができることも挙げられます。「筋道立てて考える枠組み」を使い、筋道立てて考え、その内容を確認しているので指摘された部分を的確に把握しやすくなります。よって、どこが不十分だったのかを判断でき、そこを素早く、的確に修正することが可能となります。例えば、「⒜言いたいことの表現が悪いのか」、「⒝言いたいことの理由が弱いのか」などを明らかにできますので対処しやすくなります。

一方、③聴き手側になった時も枠組みを活用して聴くことで、㋐発言者に言いくるめられることなどから回避できるとともに、㋑誤りを本人に気づかせることもできます。

図表Ⅴ—14－5　枠組み活用のメリット

①意見（考え）を作る際
　　㋐意見（考え）の組み立てが素早くできる
　　㋑組み立てた意見（考え）の確認がしやすい
　　㋒より適切な意思決定が行われる
　　㋓自分の意見（考え）が腑に落ち、自信を持って対話に臨める
　　㋔自分で考えるために集めた知識・情報の妥当性や信頼性の確認に役立つ
②対話において
　　㋐説明に対して、聴き手の理解・共感を得やすくなる
　　㋑聴き手から曖昧さや誤りへ迅速・適切な対応ができる
③聴き手になった時
　　㋐人に言いくるめられることを回避できる
　　㋑誤りを本人に気づかせることができる

《コラム⑯：「②理由」を定性的に表現する場合の留意点》

　「②理由－㋐事実」は数値データでなく定性的であっても、「①言いたいこと（結論）」が納得される内容が必要です。「②理由」は「①言いたいことが（結論）」が聴き手に受け入れられるためのものであることから定性的な表現をする場合、工夫する必要があります。

　例えば、地域の問題解決では、提起した問題が地域において重大（深刻）であり、放置できないことが聴き手に共感されるためです。地域では新たな問題が発生しています。新たな問題はデータ化されていることが期待できないことから定性的な表現にならざるを得ません。その場合、理解されるためには抽象的な表現では問題の重大（深刻）さが理解されません。より具体的に、生々しく聴き手に"放置できない問題"であることが多くの人に共感される表現が求められます。

　このような表現の工夫が大切なのは、客観的な数値データがないから問題と認めなかったり、まず現状の実態を示すデータを集めようとする組織において、問題解決が先送りされることを避けるためでもあります。

5.「自分の意見（考え）」の“質を高める”

（1）見える化した「自分の意見（考え）」を確認する

「筋道立てて考える枠組み」を使い、自分の意見を見える化したことで安心せずに内容に検討を加えます。「言いたいこと（結論）」と、その「理由」が表現できているか、対話で聴き手が理解できる内容になっているかなど“質”についての確認を行います。なお、「筋道立てて考える枠組み」を使い、見える化できていれば、その質の確認がしやすくなります。一方で、見える化ができていなければ、“思い悩むことが続く”ことになります。

「筋道立てて考える枠組み」を使い、手順に沿って考え、結論を出した後でも「自分の意見（考え）」を徹底的に確認することが大切です。確認は1回だけではなく、時間を変えて繰り返し磨くと筋道が明らかになります。

こうした過程を経て磨き上げた筋道は“自分のもの”になり、内容に自信が持てるようになります。磨き上げた筋道があることで、チーム対話では話しやすくなり、聴き手にも伝わり、多様な質問に適切に対応できるようになります。

（2）質を高める視点

次の視点から確認し、言いたいことが固まっているか、自分自身が腑に落ちているかを見極めます。まず、「①目的に適した内容」になっているかの視点からです。次に、「②筋道立てて考える枠組みの構造（項目の関係性）」の視点を使います。言いたいこと（結論）を筋道立てて整理できているかについて、枠組みの各項目間の整合性・一貫性を通じて確認します。㋐言いたいことが適切に表現できているか？　㋑表現が曖昧ではないか？　㋒言いたいこ

と（結論）をその理由がしっかり支えているか？　㋑理由としている事実（データ）は信頼できるか？　㋒言いたいこと（結論）が飛躍していないか？　などの視点からも確認します。なお、筋道立った整理には、結論を理由がしっかり支えていることが重要ですので、支え方が弱いようであれば、別の理由を探すなどを検討します。

　他には、「③反対の視点（反対事例はないか）」や、チーム対話での質疑応答の際の「④質問を想定」しながら、曖昧さ、不十分さなどを確認します。

図表Ⅵ—14－6　「自分の意見」の質を高める視点
①目的に適した内容になっているかの視点
②「筋道立てて考える枠組み」の構造（項目の関係性）の視点
　㋐言いたいことが適切に表現できているか？
　㋑表現が曖昧ではないか？
　㋒言いたいこと（結論）をその理由がしっかり支えているか？
　㋓理由としている事実（データ）は信頼できるか？
　㋔言いたいこと（結論）が飛躍していないか？
③反対の視点
④質疑応答での想定質問の視点

《コラム⑰：思いつきのアイデアを磨き、活かす》

　チーム対話中に触発されて"思いついたアイデア"は、今まで誰も気づかなかったことなど対話目的に貴重な情報かもしれません。"思いつき"は否定的にとらえられがちですが、現場の状況に精通した実務者の思いつきのアイデアは問題解決に貴重な情報の場合もあるので否定せずに内容を吟味することが大切です。

　思いついたアイデアは、結論（例えば、対策案）だけで支える理由（な

ぜ、その対策で問題が解決できるのか）が弱い場合や偏った情報であることが多いため、聴き手に受け入れられないことがあります。よって「アイデア」を思いついた人は「なぜ、そのアイデア」が問題解決に効果的なのかを説明する必要があります。

　一方、他のメンバーはすぐに否定せずに、まず、受け入れ、発言者に説明の機会を与えたり、説明を支援することも「アイデア」を問題解決に活かすために大切です。なお、その場で説明できなくとも、あきらめずに支える理由となるデータなどを集めてみることで対話の目的である問題解決につながる「アイデア」を得られる可能性があります。

6.「疑問を持つ」姿勢の大切さ

（1）「間違っているかもしれない」

　もしかしたら自分の意見は "間違っているかもしれない" という姿勢は、「自分の意見（考え）」の質の向上に役立ちます。創り出した「自分の意見（考え）」に "疑問を持つ" ことです。こうした姿勢で確認することは「自分自身で判断する能力」を高めることにもなります。

（2）ツール活用の落とし穴

　矛盾や飛躍がない「自分の意見（考え）」の構築に「筋道立てて考えること」が有効であることを述べました。そして、その構築をサポートするツールとして「筋道立てて考える枠組み」も説明しましたが留意しなければならないことがあります。

　「筋道立てて考える枠組み」を使って筋道立てていること自体に満足し、形づくりを優先してしまい、気づかない誤りを犯して

しまう場合があるからです。例えば、理由が自分の経験に強く影響され、考えが偏ってしまうことに自身で気づくことは困難と言われています。よって、常に「疑問を持ち」ながら確認を行うことが必要です。

（3）チーム対話に活かす「疑問を持つ姿勢」

　「疑問を持つ姿勢」で確認することは、自身が「間違った判断を下さないため」だけではなく、チーム対話において他のメンバーの発言内容を理解するためにも役立ちます。「疑問を持つ」とは、否定するのでも批判するのでもありません。「本当にそう言えるのか」、「例外はないか」、「表に出ていない前提はどのようなものか」などと慎重に判断する姿勢です。

　「疑問を持つ姿勢」は情報の精度を高め、適切な意思決定につながるとともに、「情報を鵜呑みにしない」、「相手のいいように操られること」も回避できます。こうして発言者として、聴き手として「疑問を持つ姿勢」は対話目的の達成に貢献することになります。

７．対話目的に活かすツールの使い方

（１）主体的に考えるためのツール

　本書では対話において「自分の意見（考え）」を持つことを重視していることから 14 章では、「自分の意見（考え）」を生み出し、まとめるためのツールとして「筋道立てて考える枠組み」を提案しました。今までの自己流、場当たり的な対応で、「そもそも言いたいことがまとまらない」、「まとめたつもりでも自信がない」などの不安感や「言いたいことが伝わらない」不満感を持っている人、そして、考えることに苦手意識のある人が「考える過程」で役立つツールです。

　また、「筋道立てて考える枠組み」は聴き手にも活用できます。発言内容が筋道立っているか、理由がしっかりと結論を支えているかの確認にも使えます。確認ができなければ“わかったつもり”になり、誤った意見に賛成しかねません。このように発言者、聴き手両方に活用することが対話の活性化につながります。

（２）「筋道立てる」ことを活かす

　先の《コラム⑰》で「思いつきのアイデアを磨き、活かす」ことの大切さを述べましたが、“筋道立てる”ことばかりを重視しすぎると、問題解決に貴重な情報、アイデアをつぶしかねません。

　チーム対話においては、発言内容に筋道が通っていない、経験や偏っている情報が理由であれば他のメンバーに否定されてしまう場合があります。しかし、チーム対話に期待される多様な意見を補い合うということには、不十分な理由について追加調査しながらもアイデアを磨き上げることも含まれます。“筋道立てる”ことを活かしながら、アイデアを磨き、そのアイデアを活かすチー

ム対話が問題解決への最善策の創出につながります。

（3）対話の「目的」を重視すること

　本書では、対話における「自分の意見（考え）」をまとめるために筋道立てて考え、下した判断に矛盾や飛躍がないことを重視しています。「筋道立てて考える枠組み」はそれをサポートするツールです。一方で、自分の意見に「疑問を持つこと」の大切さも強調しました。枠組みを使っていること自体に満足し、誤りに気づけない場合もあるからです。

　こうした「疑問を持つ」姿勢がプロジェクトの目的に貢献するチーム対話を実現します。つまり、「筋道立てて考える枠組み」は自分の意見をまとめる際に筋道立てて考えることには有効であっても、筋道立てて考え、判断したことがプロジェクトの目的に貢献できるかは別だからです。よって、発言後に他のメンバーからのコメントをきちんと聴くことが大切なのです。

　多様な意見・コメントが重要な理由は、色々な視点から見ることや、前提を変えれば、結論も違うことになるなど多様な議論の過程を経ることで、本来の目的に適した最善策を意思決定することにつながるからです。こうして対話の「目的」を忘れず、実現をめざした対話やツールの活用が求められています。

　筋道立てて考えた結果が常に正しい答を導くとは限りません。問題を取り巻く環境、現場の状況などによって、解決に適した答えは変わることを理解して、質の高いチーム対話をすることがプロジェクト目的の達成には大切であることを忘れないようにすることが「自分の意見（考え）」、そして、チームとしての最善策を創り上げることにつながります。

8．意思決定をゆがめるバイアス

（1）バイアスとは

　チーム対話では、参加メンバーひとり一人がいろいろと考えた末に意思決定した「自分の意見（考え）」を持ち寄り、チーム内での建設的な意見交換を通じてチームとして意思決定します。こうした意思決定の質に影響するものに「（認知）バイアス」があります。

　バイアスとは、人が物事を見聞きして、それを理解する際に生じる「歪み_{ゆが}」と言われ、「偏り、固執、先入観」などを意味します。偏った見方をすることは判断や意思決定に影響すると言われています。偏っているとは、物事の一側面だけに注意が向けられ、他の側面が配慮されていないことです。例えば、自分の経験、思い込みなど偏った情報により意思決定する場合です。偏った情報では重要な情報が漏れてしまい、誤った意思決定を招く恐れがあります。

　個人の意思決定の過程においては、ひとりではバイアスを自覚できないことから回避することが困難ですが、集団による対話は個人のバイアスによる誤った意思決定を補うことができると言われています。

（2）意思決定とバイアス

1）意思決定の方法

　人の意思決定の方法には、「①直感的に素早く決める速断」と、「②筋道立てて時間をかけて決めていく熟断」があるとされています。人間の本性によるものと言われている感情や直感による意思決定（①速断）は、意思決定にかける時間と労力を節約した判断であり、素早く行われますが正確性が低い傾向があります。

　バイアスに陥り易いのが過去の経験など偏りのある理由で判断してしまう①速断であり、複雑な状況や未経験の状況においての意思決定では頼りにならないと言われ、より正しさを求めるには②熟断が適しているとされています。例えば、自分の考えに都合の良い情報のみを集めるという「確証バイアス」に気づかないまま偏った情報に基づき結論を出してしまいそうなリスクも、時間をかけて多様な情報を集め、筋道立てて考えることで回避が可能となります。

2）問題解決における意思決定

　意思決定においては異なる方法があることを理解しました。問題解決を目的とする対話においては、筋道立てて考え、まとめること(②熟断)が有効です。なぜなら、問題解決における意思決定の多くが直感によるものや、バイアスに影響されており、問題に適切な対応ができる対策が立てられていないからです。また、対話において「①速断」による結論は、なぜ、その結論に至ったかの理由を筋道立てて説明できないので聴き手は理解できません。地域問題への提案においてはステークホルダーに理解・承認されません。

　しかし、人は「①速断」する傾向がありますので、「①速断」した場合は、「筋道立てて考える枠組み」を使い、内容を確認しながら「自分の意見（考え）」を磨き、固めていくことが効果的です。「筋道立てて考える枠組み」は問題解決を目的とした対話に適した「②熟断」のためのツールとして活用できます。

3）チームの意思決定に影響するバイアス

　バイアスは個人の脳で起きる問題とされますが、チームメンバーがバイアスの影響を受けて下した判断がチーム内で増幅してしまいチームとして誤った意思決定になる場合もあると言われています。

　集団による意思決定が誤った結論を出すことは「集団思考、ま

たは集団浅慮（せんりょ）」と呼ばれています。極端に高リスクであったり、保守的な意思決定をしてしまうことなど、個人では行われないような判断をしてしまうことと説明されています。

　その背景には、「同調バイアス」、「傍観者効果」、「内集団バイアス」などがあると言われます。また、集団での議論において、先に述べられた発言を考慮（または配慮）して、自分の意見を調整していく人が続いていく「情報カスケード」が発生することも指摘されています。

《コラム⑱：代表的なバイアスの例》

　バイアスについては、様々な分野の研究者による書籍では、それぞれ独自の分類方法で多様な種類のバイアスが紹介されていますが、ここでは問題解決を目的にした個人や集団の意思決定に関連する代表的なバイアスを挙げます。

①代表性ヒューリスティック：ある人や物の代表的な特徴だけで判断してしまうこと。
②利用可能性ヒューリスティック：利用しやすい一部の情報だけで判断すること。
③自己中心性バイアス：事実を自分の都合の良いように解釈してしまうこと。
④正常性バイアス：異常にも関わらず、正常と考え、危険性を認めようとしないこと。
⑤確証バイアス：自分の考えに都合の良い情報のみを集めること。
⑥早まった一般化：一部のイメージを、広い範囲に当てはまると思い込むこと。
⑦合意性バイアス：他の人も自分と同じ考えであると思い込むこと。
⑧権威バイアス：社会的権威を信じてしまうこと。
⑨生存者バイアス：成功事例・成功者だけ見て判断すること。
⑩ステレオタイプ：特定の集団に対して個々人の違いを無視して１つの特徴でまとめて捉えること。
⑪楽観バイアス：将来のことをかなり甘く見積もること
⑫現状維持バイアス：変化より現状を維持することに重きをおくこと。
⑬システム正当化バイアス：未知の新たな方法に挑戦するよりも現在、普及しているシステムの妥当性を信じ、維持しようとすること。
⑭サンクコスト：既に費やしたコストを無駄にしたくないため不合理な判断をすること。
⑮同調バイアス：他人がどう行動するかを参考にして、自分の行動を変えること。

⑯傍観者効果：自分ではなく誰かがやるだろうと考えてしまうこと。
⑰内集団バイアス：自分が所属する集団（内集団）やそのメンバーを高く評価したり、好意的に感じたりすること。
⑱ハーディング効果：周囲の行動を参考にして同調することで安心感を得る傾向。

（3）バイアスへの対処法

　メンバーひとり一人が意思決定の落とし穴の背景にあるバイアスを理解し、自分の意見を決めていく際には、極力、熟断アプローチを選択することです。例えば、本章の「4.「筋道立てて考える枠組み」を活用する」を活かしながら"見える化"した「自分の意見（考え）」を固めていき、「5.「自分の意見（考え）」の"質を高める"」視点を使い、質を確認していきます。

　また、集団での意思決定では、対話前に、「㋐意思決定の基準」と「㋑適切な意思決定ができる手順」を決めておき、対話中では、㋐と㋑を遵守しながらも、「㋒対話過程の透明性を確保」し、「㋓結果を第三者に説明する機会を設ける」ことなどが提案されています。他に「㋔集団思考を避けるために反対する役割の人を選んでおくこと」なども挙げられています。

　例えば、地域の課題解決におけるチーム対話では、『実務者のための"アウトカム重視"の政策立案と評価』で提案している立案手順や立案の質を高める3つの視点を基準としながら進め、適時、第三者に成果物を説明する機会を持つことがバイアスへの対処に有効です。こうした進め方がチームとして問題解決への最善策を意思決定することにつながります。なお、「はじめに」で紹介した「政策研究プロジェクト」では、『実務者のための"アウトカム重視"の政策系立案と評価』で提案している「㋐意思決定の基準」、「㋑適切な意思決定ができる手順」を使い、グループ別

の主体的活動は、できるだけオープンにして「㋑対話過程の透明性を確保」するとともに、中間報告により「㋐結果を第三者に説明する機会を設け」ながら成果物や活動の質を高めていく進め方を行っています。

（４）バイアスを利用した対策「ナッジ」

　　人がバイアスに影響される傾向があることを利用した「ナッジ」が公共政策で使われています。「ナッジ」とは、人の無意識のバイアスを利用し、強制ではなく、人の選択の自由を保障しながら人の行動をより良い方向に導く手段と説明されています。「ナッジ」は防災、健康衛生、就業促進をはじめ多様な政策領域で使われはじめています。

《コラム⑲：問題解決に活かす「筋道立てて考える」こと》

（１）「仮の答え」の精度を高める

　問題解決において立案した対策は、「仮の答え」です。実務においては問題解決に必要な情報が全て集まることはありませんので、特定の限られた情報による立案であることからも「仮の答え」と言えます。ただし、仮の答えであっても、その「質」を高めておく必要があります。

　「筋道立てて考える」ことは「仮の答え」の質向上に有効です。限られた情報を「筋道立てて考える」ことを通じて「質の高い仮の答え」を創り上げます。ただし、"筋道立てて考えて"質を高めた立案も「仮の答え」であることを自覚しておかなければなりません。よって、「仮の答え」による"実施に対する評価"からの情報を踏まえて、よりよい答えを創り出していくことで目的達成（アウトカム実現）に前進していきます。つまり、PDC（Plan-Do-Check）サイクルを適切に展開することです。

　こうして答えを創り上げていく取り組みにおいて、立案段階のチーム

137

対話は立案の精度を高めることになるとともに、1章で説明した集団による対話の効果である合意形成によって実現性が高まる内容に仕上がっていきます。なお、評価の観点から補足すれば、立案で対話をしっかり行っておけば、実施段階で計画通り動かなくとも、その理由が特定しやすくなるため、改善もしやすく、次のPDCサイクルが効果的に展開でき、目的実現（アウトカム実現）度が高まることになります。

（2）情報収集・分析について

　問題解決に必要な情報収集や分析も手当たり次第、場当たり的に行うのではなく、目的や問題特性に適した情報収集や分析をするには、「筋道立てて考える」ことの活用が効果的です。

　例えば、情報収集では、まず、目的に適した情報名を洗い出します。そこでの情報は目的達成に必要と"思われる"情報ですが、短い時間で収集できることが期待できるだけではなく、結果として必要な情報の有無が明確になるので次の行動に素早く対応できます。

　また、複雑な問題の対象を正しく捉えるには、全体の表面だけをながめるのではなく、全体を構成する部分の関係性を筋道立てて見極める必要があります。例えば、問題を解決するには原因分析は有効ですが原因は複雑です。結果に対する表面的な原因だけではなく、さらに、その原因を深掘りする（結果Aの原因A-1、原因A-1の原因A-1-1と筋道立てて原因を深掘りする）ことで具体的な原因を洗い出すことが重要です。

（3）結論の拠り所を変えて発想を広げる

　「筋道立てて考えて」下した結論は、特定の拠り所を置いています。拠り所とは図表Ⅵ-14-2の「②理由」部分です。その拠り所（理由）は結論を出した人にとっては、"当然のこと"または、"常識"（多くの人が受け入れていること）と考えていますが、いつでも、どこでも、誰にとっても"当然"だとは限りません。

　そこで結論の拠り所（理由）を変えてみることで、新たな独創的な結論を生み出すことが期待できます。特に問題解決では、固定観念に基づ

く拠り所（理由）の場合も多いため、そこに「疑問を持ち」、それを変えてみることで、多様な結論を発想することができます。

15章　計画的・自発的に活動をする

1．事前準備の大切さ

（1）事前準備の重要性

　チーム対話に貢献するには、場当たり的ではなく事前準備による計画的活動が有効です。事前準備しておくことでチーム対話の効果性・効率性を妨げる要因を回避・予防でき、かつ対話中に想定外なことが発生しても適時、適切な対応が可能となります。

　また、対話の目的に沿った事前準備をしておくことで「自分の意見（考え）」をしっかり固めることができ、周りから影響される受け身的活動にならず、目的達成に向けて自発的に発言し、行動することができます。受け身的になってしまう背景には、場当たり的な対応が影響していることからも、計画的に活動するために事前に準備することは自発的な活動にも有効です。

（2）事前準備に期待できる効果

1）「自分の意見（考え）」が整理できる

　準備することにより、考える過程において情報の誤り・漏れの修正やバイアスを意識するなどの"熟断"を通じて「自分の意見（考え）」を自分自身が腑に落とすことができます。自分自身が腑に落ちた内容は自信を持って発言できるようになります。

２）発言を効果的・効率的にする

　チーム対話では「自分の意見（考え）」を他のメンバーに理解してもらえるように表現することが重要です。準備することにより対話の目的に沿って「自分の意見（考え）」を筋道立ててまとめておくことができるので、自分の言いたいことが伝わりやすくなります。また、質問への的確な対応も可能となることから、聴き手との意見（考え）の共有までの時間も短くて済みます。なお、１）で述べた準備により自信が持てる状態にある時は、発言での伝え方とともに声の大きさも違ってきます。自信があれば、声も大きくなり、聴き手にとって聴きやすく、理解されやすくなります。

３）チーム対話の質が高まる

　質の高いチーム対話は、参加者ひとり一人が持ち寄った「自分の意見（考え）」を発言し、それらをかみ合わせ、深めていくことから生まれます。この背景には、ひとり一人が一定の質と量の意見を持ち寄ることと、建設的な意見交換があります。

　「自分の意見（考え）」をしっかり準備しておくことは、他の意見との違いを明確にでき、チーム対話の質を高めることに有効です。たとえ否定されても感情的にならず、余裕をもって内容を確認でき、なぜ、伝わっていないのか、誤解されているのか、または誤りであるのかを確認して、適切な対応を可能にします。

　また、他のメンバーの意見を鵜呑みにすることなく、目的的に吟味でき、他の意見の不足を補ったり、誤りを気づかせることもできます。そして、チーム対話では多様な意見に触発され、その場で新たな発想が浮かぶことも期待できます。

４）チーム対話への動機づけ

　問題解決に意欲を持っていても、こうした問題に取り組んだ際に、何をどうしていいのか分からず、何もしないまま対話に参加してしまうメンバーがいます。そのような状況で臨んだ対話では場当たり的にならざるを得ず、チーム対話では、受け身的な関りになってしまいます。

　こうした行動の背景にある不安感を払しょくし、問題解決への意欲をチーム対話に活かし、メンバーとして役割を果たすには、目的を拠り所に「自分の意見（考え）」をまとめておく準備が有効であり、対話に対する参加意欲を高めることにもなります。何も準備しない場当たり的な対応では、受け身的な活動となり、他のメンバーとの距離ができ、形式的な参加となってしまいます。

図表Ⅵ―15－1　　事前準備による期待効果

①「自分の意見（考え）」が整理できる
②発言を効果的・効率的にする
③チーム対話の質が高まる
④チーム対話への動機づけ

２．準備の内容

　「自分の意見（考え）」として、「何を」準備するかについては、プロジェクトの目的と対話の目的が拠り所となります。地域の問題解決プロジェクトに関しては、『実務者のための“アウトカム重視”の政策立案と評価』の手順ごとに求められる内容や視点が参考になります。対話の目的が問題設定、または分析や対策立案

であれば、それぞれの手順に記載してある内容や視点を活用して「自分の意見（考え）」をまとめます。以下に問題解決を目的としたプロジェクトに活用できる基本的な準備項目を挙げます。

（1）関連情報を把握する

少なくとも事前に配布された資料に目を通し、そこから読み取った内容から自分の意見をまとめておきます。また、問題に関連する情報を自ら収集し、整理しておきます。

（2）貴重な現場・現物の実態情報

問題解決では、問題が起きている現場・現物の実態情報は貴重です。例えば、地域で発生している問題に関する具体的なデータや現場担当者の声などです。こうした“問題に関する実態”を表す情報は問題解決には有効であり、具体的な情報はチーム対話に大きく貢献します。

《コラム⑳：地域問題解決とデータ》

地域問題を解決する対策は経験や直感によるのではなく、地域の実態を適切に表すデータに基づく意思決定を行うことで問題解決に効果的・実現可能な内容となります。地域の問題は、“その地域で実際に”発生していることであり、それらに関連するデータを集めて実態を知ることができれば、そこから解決の糸口を見つけることが期待できます。また、立案した対策はステークホルダーに理解、承認される必要があり、そのためには相手が納得する理由を示す必要があります。納得されるためには、理由として示されるデータの妥当性・信頼性が求められます。

妥当性と信頼性のあるデータを創り上げるために科学的な方法にもと

づく社会調査法の活用が有効です。既にあるデータ（二次データ）を利用する場合もその確認が必要です。妥当で、信頼できるデータからの新しい事実発見（fact finding）に基づく対策立案は、思い込みや偏った考え、経験や直感に頼るよりも、問題解決に適した対策の立案が期待できます。

（3）データだけでなく、読み取れる情報をまとめる

　準備する成果物としてテーマに関連するグラフやデータの集計表部分を切り取ったものだけでは十分ではありません。解決したい問題にどう活かすかの観点からの内容が求められます。例えば、分析を行う場合、分析結果の成果物は関連するデータ部分を出力し、持参することや、データのグラフを切り抜き、貼り付けたパワーポイントを準備するのではなく、グラフから"読み取れた内容"も記載します。

　加えて、それらのデータから解決したい地域の問題にどう活用できるかについての「自分の意見（考え）」がチーム対話では期待されています。もし、データやグラフだけを示した場合、他のメンバーからは、「だから、何？」という質問が出ます。チーム対話では「何」の部分まで求められています。

（4）手段ではなく、問題解決に活かせる情報

　「ベンチマーキング」と言われる解決したい問題に対して新たな取り組みをしている地域・組織の事例をまとめて報告する場合、よく見受けられるのが、新たな取り組み（対策）だけを紹介することです。対話で求められている情報は、㋐先行地域が導入した対策（手段）がもたらした"成果（アウトカム）"です。そして、㋑その対策（手段）の当地域の問題解決への活かし方です。

《コラム㉑：思い悩まず、書き出し、組み立てる》

　正解のない答えを創り出す取り組みの経験がなく、何をどうすればよいのかわからず、準備できない人がいます。その人たちはテーマを大きく、抽象的にとらえ過ぎている傾向があります。また、浮かんだ発想がバラバラで、かつ思い悩んで先に進まない状態になっている場合があります。

　そのような場合、①思い浮かんだ内容、キーワードをメモに書き出してみます。思いついたことの'見える化'が前進への第一歩です。記入の際は可能な限り、それらを具体的な表現に書き直します。または、自分が言いたいことは何かを具体的に表現します。次に、②メモを似た者同士で集めたり、順番に並べ替えたりしながら、複数のメモを１つのグループに分けて行きます。③グループを構成する項目から読み取れたこと（グループとして言えること）を表示しておきます。そして、④グループ間の関係性を整理します。

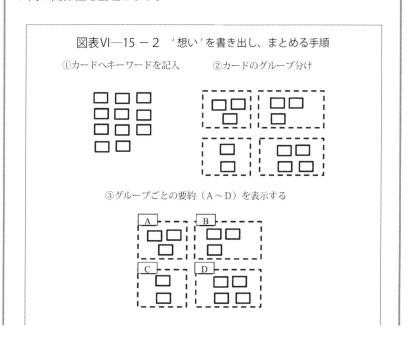

図表Ⅵ―15－2　'想い'を書き出し、まとめる手順

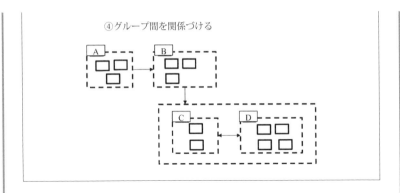

④グループ間を関係づける

　この次に⑤全体のまとめがありますが思い悩んでいる人は①〜④までを行うことでもテーマについて一定の方向で整理ができるので、チーム対話への準備になります。

　なお、1つ1つのグループは現状の自分の意見を書き出したものです。それを見ることで何が不十分なのかにも気づき、次の活動につながります。こうした進め方をすることで自分自身も納得のいく準備ができるようになります。

３．準備活動の基本方針

（1）目的に適した準備

　準備活動を効果的（目的に適した成果）・効率的（短い時間）に行うためには、場当たり的な活動ではなく、目的に沿って必要な活動の優先順位を決め、計画的に進めます。例えば、情報収集は目的に照らして、必要な情報を特定し、その中から優先順位を決めることから始めます。

（2）目標時間を決める

　準備を場当たり的に取り組み、結果的に膨大な時間をかけるこ

とを回避するためには目標時間を設定することが有効です。

（3）成果物の質を重視する

　準備として「成果物」を作成する場合、その質を重視しなければチーム対話には貢献できません。例えば、まとめた内容をパワーポイントに描く場合、見映えではなく、内容の質を重視します。

　よく見られるのは多彩な色やデザインが施され、またアニメーション機能を組み込んであっても内容が浅かったり、そもそも何が言いたいのか理解できない発表や報告があります。見映えではなく、質を高めることに時間をかけます。成果物を作ること自体を目的化することは避け、限りある時間を有効に使わなければなりません。

4．準備の進め方

（1）段取り

1）目的を確認する

　目的は準備の拠り所です。目的（何のために対話をするのか）に基づきチーム対話では何についての発言が期待されているのかを明らかにします。

2）準備対象を明確にする

　チーム対話の準備対象を決めます。対象の決め方は目的が大前提ですが、自分に期待される役割に沿った情報（関連部門のメンバーであれば部門の持つ情報など）や聴き手が興味・関心（現場の実態情報など）を示しそうなものも準備する対象を決める拠り所となります。

　まとめた資料や関連するデータなどを用意する場合、目的に適した視点やフレームワークを活用することは「自分の意見（考え）」を適切に伝えることに役立ちます。例えば、「問題の設定」が目的であれば、問題を描くための３つの視点（目標・現状・不具合）を使います。これら３つの視点についてデータを用いて表現して、地域において問題の重大（深刻）性が伝わるように描きます。

（2）答えを創り出す情報収集

1）必要な情報の特定

　単に情報を集めるだけではなく、答えを創り出す素材を集めるという意識を持つことが大切です。その上で、「１）段取りの②準備対象を明確にする」に基づき、必要な知識、情報名を洗い出し、リスト化し、それを入手できる情報源を特定します。情報は文献だけではなく、テーマに精通している人から話を聞くことも有効です。なお、信頼がおける情報源を選択します。

2）効果的・効率的な情報収集のために

　「自分の意見（考え）」をまとめるには、チーム対話のテーマ・目的に関連する情報が必要ですが、「①必要な情報の特定」をしなければ手当たり次第に情報を集めることになり、結果的に使われない情報を集めてしまいかねません。

　時間を有効に活用するためにも場当たり的に活動をするのではなく、「目的」に適した情報を洗い出し、その中から優先順の高い情報から収集を行います。目標時間を設定した場合は、優先順位の中からその時間内で可能な内容までとします。

3）情報の存在有無の確認

　テーマについて一定の経験や情報を持ち、自分自身である程度、言いたいことが想定されている場合は、それを支える理由として使える情報を集めます。つまり、言いたいことの裏付けとなる情報を探索します。情報収集を目的に沿って進めることができるので短い時間で済むだけではなく、結果として必要な情報の有無が明確になるので次の行動も早く取りかかれます。例えば、自分の言いたいことを支える必要な情報が得られない場合、㋐言いたいことを諦（あきら）めるのか、㋑自ら調査するのか、㋒別のアプローチを採用するかなどの判断をしなければなりません。なお、現状では、地域の実態情報の収集には限界があります。こうして自ら調査して情報（一次情報）を収集することの検討が必要な地域が多いことが実情です。

4）準備活動のスケジュールを立て、進捗管理を行う

　チーム対話の開催までに準備を完了するために活動のスケジュールを立てます。それをもとに納期に向けて進捗管理を行います。

《コラム㉒：準備に活かす階層化》

（1）目的の階層化

　準備する必要性は感じていても、何をどのように準備すればよいかわからないまま対話当日になるメンバーもいます。それを避けるために目的の階層化が効果的です。「何のためにチーム対話をするのか」という対話目的を達成するために「何を準備すればよいか」を決めていきます。
　目的の階層化とは、大目的の達成に向けて有効な活動を階層化して、そこから導かれる手段である活動（例：情報収集）を書き出したもので

す。プロジェクトの目的が大目的です。例えば、プロジェクトの目的が○○問題の解決であれば、「①○○問題の解決」となり、階層の最上段になります。

　次に、大目的のための手段が中目的（二階層目）となります。例えば、「②問題の明確化」です。これを目的とするチーム対話を開催する場合、「③問題の明確化のための情報収集」が必要になり、どのような情報を集めればよいかを特定します。例えば、テーマについての問題に関する情報として、「③–㋐何が起きているか」、「③–㋑それが起きていることで、どのような影響があるのか」、「③–㋒困っている人はいるのか」などの具体的なデータが挙げられます。そして、問題の明確化に必要な情報が洗い出せた後は、これらの「④情報を集める方法」を決めます。例えば、③–㋐の情報をどこで、どのように収集するかを決めていきます。

　大目的を起点とした「目的—手段の階層化」から導き出された具体的な準備項目（手段）は、大目的との関係が明確になっていることから大目的のために必要な項目であり、優先順位も明確になります。階層化を活用することで準備や活動を効果的・効率的に行うことができます。もし、階層化せずに、思いついた活動を場当たり的に行うと、チーム対話に貢献できない情報収集に膨大な時間をかけてしまうことになりかねません。

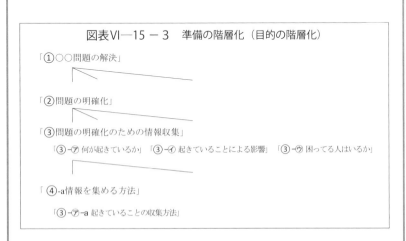

図表Ⅵ—15 - 3　準備の階層化（目的の階層化）

「①○○問題の解決」

「②問題の明確化」

「③問題の明確化のための情報収集」

　「③–㋐ 何が起きているか」　「③–㋑ 起きていることによる影響」　「③–㋒ 困ってる人はいるか」

「 ④-a情報を集める方法」

　「③–㋐-a 起きていることの収集方法」

（2）目標の階層化

　最終的な目標が明確であれば、その目標を具体的な目標に階層化する方法があります。例えば、最終的な目標が成果物（例：「地域問題解決の提案書」）の作成であれば、それを大目標とします。その大目標を構成する「①問題設定」、「②分析」、「③対策」、「④推進計画」の４つを中目標とします。さらに、中目標それぞれの構成項目を小目標とします。例えば、「①問題設定」であれば、「①-⑦起きていること」と「①-⑦その影響」に分けます。そして、それぞれを作成するための「①-⑦-a 情報の収集方法」を決めます。これが基本的な目標の階層化です。

　この事例の場合、中目標が①から④まで順番になっていますので、順に進め、１つ１つを固めていくことができます。目標が提案書などの成果物であり、基本的な構成要素が決めやすい場合に活用しやすい階層です。

　なお、目標の階層化はあくまでも成果物（企画書）作成を目標に、その成果物を構成する項目を細分化して階層化しただけになりますので、項目ごとの質や全体のつながりを確認しながら最終的に仕上げなければなりません。

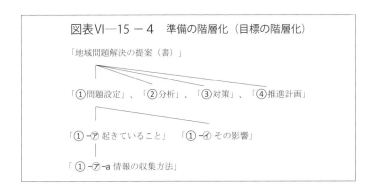

図表Ⅵ—15 − 4　準備の階層化（目標の階層化）

「地域問題解決の提案（書）」

「①問題設定」、「②分析」、「③対策」、「④推進計画」

「① -⑦ 起きていること」　「① -⑦ その影響」

「① -⑦-a 情報の収集方法」

（3）適時、改訂して効果的な活動を行う

　どちらの階層化も活動の進捗状況に合わせて適時、作成・改訂することで効果的・効率的な活動が展開できます。例えば、目標の階層化において、次回のチーム対話が中目的の「①問題設定」である場合、それに向けた「⑦起きていること」、「⑦その影響」を準備します。そして、当日、

「①問題設定」の対話が終わった後、残った課題を明らかにして、次回のチーム対話の準備として洗い出した項目を加えた階層図の改訂版を作ることで、次回への準備項目を全員で共有します。

（3）集めた情報の読み取り、整理・分析、まとめる

　集めた情報を読み取り、整理・分析していきます。整理の仕方は、例えば、問題設定の場合、問題を構造化して、㋐目標、㋑現状、㋒不具合に区分し、それぞれを具体的・定量的に書き出します。

　情報が多種多様にある場合は、目的の観点から分類したり、関係性（例えば因果関係など）を整理・分析します。なお、整理においては専門用語の定義なども行います。情報を整理・分析し、そこから導かれた内容をもとに自分の意見をまとめます。まとめる際は自分自身が腑に落ちるまで検討します。一度、整理・分析に戻ったり、改めて、情報収集から始めることを繰り返し、「自分の意見（考え）」を決定します。

　重要なことなので繰り返しますが、読み取り、整理・分析段階で重視したいことは、集めた知識・情報をまとめる、見える化するだけではなく、それらから読み取ったことや、導き出した「何」を「自分の意見（考え）」としてまとめることが重要です。テーマに関する知識・情報は、それらを知るためではなく、それを使って問題解決するための判断・意思決定するためであることを忘れないようにします。

（4）表現の仕方

　対話に向けて、自分の意見を表現する際は、全体像の骨格づくりからはじめます。特に全体を構成する各項目間に整合性・一貫性を持たせることを重視します。全体像の骨格づくりは、聴き手

が話の流れについてきやすくなる効果があるとともに、自分自身が話しやすくもなります。全体像の骨格が決まった後は、全体の中での各項目の位置づけを確認しながら伝えたいことを描きます。

　パワーポイントなどを利用する場合、表現はシンプルであっても、聴き手が理解できるように仕上げることを重視します。たとえ頁数が多くとも、㋐全体がつながり、ストーリーになっているように仕上げます。㋑各ページには多くの情報を描かず、1つのメッセージに絞ります。㋒描き方としては、個々の情報を矢印でつなげたり、ベン図で分類することで、複雑な内容や項目間の関係性を表現することができます。そして、㋓言いたいことの理由が記載されていることや、㋔用語の定義を記載するなども含めて聴き手が理解しやすいように創り上げていきます。

図表Ⅵ―15 － 5　主な可視化ツール

・相互関係を表現する

・手順やステップを表現する

・情報を階層化して表現する
（例：ロジックツリー）

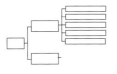

・数値や情報をグラフや表で表現する

・情報を座標軸を使い表現する

・仕組みや概念の階層関係を表現する

《コラム㉓：情報の構造化ツール：ピラミッド構造》

　ピラミッド構造とは、結論を最上段に配置し、その下に結論の理由を置いて、全体として筋道立てた構造にする手法と説明されています。ピラミッド構造を構築する際の留意点としては、㋐１つの箱には１つのメッセージだけを入れること。㋑同じ階層には同じレベルのメッセージを並べること。㋒上下の関係を明瞭にすること。そして、下から上へは、So What?　また上から下へは Why So?　の関係になるようにします。そして、㋓各階層は、漏れやダブリがない（MECE：Mutually Exclusive & Collectively Exhaustive）ようにします。

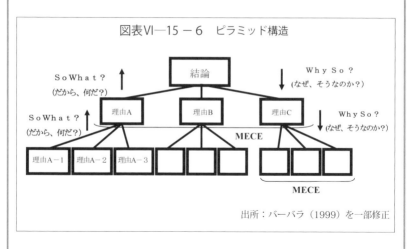

図表Ⅵ—15－6　ピラミッド構造

出所：バーバラ（1999）を一部修正

　ピラミッド構造は全体とそれを構成する個々の項目との関係性の明確化にも役立ちます。例えば、完成させたピラミッド構造に番号を振り、個々の項目の位置づけを明確にします。最上段が結論ですから、中段に１．２．・・・、下段には、（１）（２）・・と階層別に異なる数値表記を振ります。振った後に改めて全体構造の整合性・一貫性を確認します。
　こうした構造化は文章を中心に表現する場合にも活用できます。文章をすぐに書き始めず、まず、構造化し、その構造を活かして文章化する

ことで筋道立った文章になります。まず、結論を書き、次に、1 章（1）、
（2）・・・、2 章（1）、（2）・・・。そして、最後に「まとめ」を記入
していきます。こうすることで文章全体が筋道の通った構成になります。

（5）成果物の最終チェック

　出来上がった成果物を目的、全体のつながりなどの観点から最
終チェックします。11 章でも述べましたが、自分自身が腑に落ち
ることが大切です。そのためにも、なぜ、そう言えるのかを説明
できる十分な理由を用意できているかの確認は大切です。

　さらに、'時間'や'場所'を変えて何度も見返すことも効果的で
す。見える化したものを時間や場所を変えて、何度も見返すこと
で自身の考えの不明点、不安点が解消され、内容を固めていくこ
とができます。そして、最後に全体の要約を描きます。

　内容のチェックは自分だけでは限界があるので、可能であれば
第三者に依頼することが有効です。見える化した内容を説明して
いる最中に、描いている時には気づけなかったことを発見したり、
第三者からの質問や意見が参考になり、内容の質が格段に向上す
ることが期待できます。この取り組みは、14 章－8. で説明した
様々なバイアスにチーム対話の前に対処することにもなります。

《コラム㉔：基本的な準備の過程》

　対話において、基本的な準備の過程は、「⓪目的」→「①情報を収集する」→「②整理・分析する」→「③まとめる」→「④表現する」までですが、その後、第三者へ「⑤伝える」→「⑥質疑応答」→「⑦意見交換」と続くことも前提に考えることが必要です。

　「⓪目的」がスタートです。そして、「⓪目的」は、①以降の全ての拠り所です。「①情報収集する」は既存の情報（二次情報）だけではなく、自らの調査を通じて情報（一次情報）を収集することも含みます。「②整理・分析する」は多種多様な情報を分類、関係づけるなどし、そこから新たな情報を引き出します。

　情報の整理、分析を経て、「③まとめる」は意思決定です。それを第三者との共有に向けて、「④表現する」は、伝えたい内容を構造的に見える化することです。ただし、「③まとめる」が納得いく内容にならない場合は、一度、「②整理・分析」に戻ったり、改めて「①情報収集する」から始めることを繰り返し、最終的に自分自身が腑に落ちた後に、「④表現する」ことになります。そして、第三者へ「⑤伝え」、「⑥質疑応答」を行い、「⑦意見交換」につなげていきます。

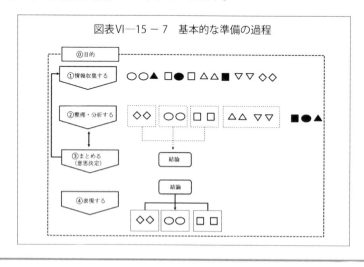

図表Ⅵ―15－7　基本的な準備の過程

5．準備の前提としての分担とスケジュール

（1）対話別の目的と運営

　長期プロジェクトの場合、チーム対話は進捗状況に応じて複数回開催されます。それぞれの対話の目的・目標を明確にして、目的に適した活動・作業内容を具体化し、それぞれの役割分担を決めておくことができれば、場当たり的でなく、皆が同じ方向を向き、計画的な準備を可能にします。

　例えば、問題解決における分析についての対話を目的とする場合、まず、情報収集や分析作業はひとり一人に任せず、①チームとして必要な情報名や分析項目を洗い出し、②その目的（なぜ、必要か、どう使うのか）と目標（どのようなまとめ方をするのか）を設定し、その上で、③役割分担を決めることは活動を効果的・効率的にします。分担を決めた後は、④納期を設定します。

　万一、分担した活動・作業が完了できなかった場合、当日のチーム対話の効果性・効率性だけではなく、プロジェクト成果や今後の活動にも影響します。よって、リスク回避のためにチームとして、⑤進捗管理を行うことは大切です。例えば、次回の対話までの期間も進捗状況の確認などコミュニケーションを密にすることです。また、突発的な事情で担当作業が納期までに完了することが困難となった場合は遠慮なくアラームを発信することと、その際は互いに助け合うことを事前に確認しておくことは成果物の質向上や遅延が回避でき、効果的・効率的なチーム対話の実現につながります。

　対話当日は、担当それぞれが分担の活動・作業結果を報告し、チームとして内容の共有をした上で対話に入ります。また、納期前に送付された他のメンバーの資料は、目を通し、目的的に吟味しておけば、当日のチーム対話が効果的、効率的な展開になります。

「はじめに」で紹介した「政策研究プロジェクト」では、成果を上げたチームに共通していることの１つに、活動スケジュールの有効活用が挙げられます。活動後の振り返りミーティングでは全員が成果の要因として活動スケジュールの作成と進捗管理を挙げます。

（２）活動スケジュールの作成方法

規模の大きさにもよりますが基本的なプロジェクトの活動スケジュールは次の手順で作成します。設定した目的や目標の実現のために、①必要な活動・作業を具体的に、漏れなく洗い出します。その上で、②洗い出した具体的な活動・作業の順番を決めます。③それぞれの活動・作業の期間（スタートと完了時期）を決めます。④活動・作業ごとの担当者を決めます。これらを⑤活動スケジュール表に見える化します。

スケジュール表の縦軸に、具体的な活動・作業を記載し、それぞれの活動ごとに担当者を明記します。図表Ⅵ-15-8 は活動・作業を２階層で描くフォームです。大きなステップ（１．２．••）、ステップごとの手順（①、②、・・）です。横軸の月、週単位を活用して、活動期間を「→」で表記します。

図表Ⅵ―15 － 8　活動スケジュール表のイメージ

活動項目			月					月					月					月				
	具体的内容（手順）	担当者	1W	2W	3W	4W	5W	1W	2W	3W	4W	5W	1W	2W	3W	4W	5W	1W	2W	3W	4W	5W
1.	①		→	→																		
	②				→	→																
	③							→	→													
2.	①																					
	②																					
	③																					
3.	①																					
	②																					
4.	①																					
	②																					
	③																					
5.	①																					
	②																					
	③																					

　　活動スケジュールは、㋐何を、㋑誰が、㋒いつまでに、を明記して共有し、進捗管理することが大切なので、㋐から㋒を共有し、進捗管理ができれば、上図のようなフォームを利用する必要はありません。

《コラム㉕：チームとして階層を作成・活用する》

　《コラム㉒準備に活かす階層化》で準備のための階層化を説明しましたが、プロジェクトでは、まずチームとして階層化することが全体の活動を効果的・効率的にします。なぜなら、次回までに何をすればよいか不明・不安なメンバーがいるからです。また、自分勝手な解釈や勘違いをして期待とは異なる準備をしてしまうメンバーもいるからです。

　従って、見える化した階層を活用しながら、目的や目標に向かって何（活動・作業）をしたらよいのかを洗い出し、それらの優先順位を決め、活動・作業ごとの役割分担を決めた上で、活動スケジュールを立てていくことを全員で共有することが活動・作業を効果的・効率的にします。

（3）活動スケジュール表を運用するメリット

　　活動スケジュール表を運用するメリットは基本的に次の5つが挙げられます。まず、効果的、効率的な活動・作業遂行による①経営資源の有効活用が可能です。活動・作業を順序立てて進めることができ、時間の有効活用ができます。活動スケジュールから見えてくる個々の活動・作業の間に生じるスポット時間などは、今後の活動準備や遅れ対策などにも活用できます。

　　次に、②活動・作業への動機づけが可能になります。参加メンバーは活動スケジュールが表す'成果実現への道筋'によって実現への意欲が高まるとともに、個々の活動・作業の納期目標によ

り時間意識を持つことが期待できます。

　そして、プロジェクト全体が見える化されていることから、③全体的視点から活動・作業の管理・調整が可能であることなどが挙げられます。また、実施中は計画と比較した進捗状況が確認できるので、④目標実現に向けて機動的、柔軟な対応が可能となります。加えて、プロジェクト完了後、計画と実績の差異から計画の不十分さについて具体的な反省ができ、⑤次のプロジェクトに活かせることなどが挙げられます。

図表Ⅵ—15 − 9　活動スケジュール表を作成・運用するメリット

①経営資源の有効活用が可能なこと
②活動・作業への動機づけが可能であること
③全体的視点から活動の管理・調整が可能であること
④目標実現に向けて機動的、柔軟な対応が可能なこと
⑤次のプロジェクトに活かせること

---

16 章　問題解決活動の質を高める

1．問題解決の手順と視点を活用する

（1）目的に適したチーム対話の進め方

　目的に適した進め方をすることで効果的・効率的なチーム対話が実現できます。問題解決プロジェクトでの対話であれば、問題解決に適した手順に基づき、質を高める視点や手法などを活用しながら進めることです。

（2）問題解決に必要なこと

　問題解決への取り組みにおいて、㋐問題解決とは、正解のない問題に答えを創り上げていくことであることや、㋑答えを創り上げていくには目的に適したプロセス（手順・手法）に沿って進めることが効果的であることを理解していない人やチームがいます。なお、これらの理解不足は、今まで定型業務の担当が長く、答えを創り出す問題解決の経験が少なければ当然と言えます。

　㋐と㋑の２つの観点から問題解決がうまくいかない人やチームは２つのグループに分類できます。Ａグループは、㋐の認識がなく、すぐに対策を探し始めてしまうグループです。例えば、他の地域で行っている事例を取り入れようとすることです。もう一方のＢグループは、㋐の認識はあるものの、独自の答えを探そうと試みるのですが途中で断念してしまうグループです。Ｂグループは、㋑を知らないため、活動が自己流で場当たり的に行われていることが行き詰まりの背景に見られます。結果、Ａグループと同じ

　ような対策ありきになってしまいます。Ｂグループは、㋑を知り、活用することで問題解決が前進します。

　本章では、問題解決活動の質を高める㋑の要点について、「２．問題解決の成功要因」で地域の問題解決を例に説明します。㋑を重視しているのは、答えを創り出す取り組みを、その経験が少ない人たちによるチームがプロジェクトという限られた時間での目標達成が求められている場合、目的に適した方法であると一般的に認められている内容を活用することで成果が実現しやすいという理由です。なお、Ａグループの人やチームは、㋐に「気づくこと」からはじめる必要があります。

　現実のチーム（例えば、「政策研究プロジェクト」）では、当初はＡグループに含まれるチームがほとんどです。ただし、今まで㋐のような取り組みが未経験であれば当然と言えることです。なお、チーム内には、㋐も㋑も理解している人はいますが、少数であり、意見が反映されないのが実情です。当プロジェクトは㋐であるという気づきを引き出し、㋑を活動に取り入れながら独自の提案を主体的に創り上げていく視点からチーム別にサポートします。

《コラム ㉖：地域の問題解決に活かす基本的な方法》

　上記の㋑筋道立てたプロセスを経ることの例として、地域の問題解決においては、『実務者のための“アウトカム重視”の政策立案と評価』で「政策立案と評価の課題（Ⅲ.）」を「克服するための指針（Ⅳ.）」をもとにした「方法（Ⅴ.）」で記載されている具体的な手順と質を高めるため視点が参考になります。

２．問題解決の成功要因

　問題解決に成功した事例に共通している要因として、「立案段階」では、組織・地域において重大（深刻）な問題に対して、㋐効果的・実現可能な解決策が立案されていること。㋑立案内容がステークホルダーに共感される内容・表現になっていること。㋒具体的な活動スケジュールが作成されていることが挙げられます。また、多様なメンバーと協働する場合は、㋓それぞれの役割分担が明確化されていることです。

　「実施段階」では、㋔問題解決に関連するステークホルダーを巻き込んでいること。㋕対策が現場で周知・徹底されていること。そして、㋖進捗管理と途中評価を行った結果をもとに立案（計画）に固執せず必要に応じて軌道修正を行い、問題の解決に向けて着実に進めていることが挙げられます。

　問題解決の成功に影響した㋐から㋖の７つの要因から立案段階では「直面している問題に適した対策を立案すること」。実施段階では「関係者を巻き込み、進捗確認・評価をしながら成果に向けて着実に進めること」が成果に大きく影響していると言えます。そして、実施段階で適切な問題解決活動を行うには立案（計画）が重要であることから『直面している問題を解決できる立案（計画）内容』が、問題解決を実現するための“核となる成果要因（KFS：Key Factor for Success）”となります。

図表Ⅵ―16 ― 1　　問題解決の成功要因

「立案段階」
㋐組織・地域において重大（深刻）な問題に対して、効果的・
　実現可能な解決策が立案されていること
㋑立案内容がステークホルダーに共感される内容・表現に
　なっていること
㋒具体的な活動スケジュールが作成されていること
㋓複数メンバーと協働する場合は、その役割分担が明確化
　されていること

「実施段階」
㋔問題解決に関連するステークホルダーを巻き込んでいること
㋕対策が現場で周知・徹底されていること
㋖進捗確認と途中評価をしながらも立案（計画）に固執せず
　必要に応じて軌道修正を行い、問題解決に向けて着実に
　進めていること

立案段階：直面している問題に適した対策を立案すること
実施段階：関係者を巻き込み、進捗確認・評価をしながら
　　　　　成果に向けて着実に進めること

『直面している問題を解決できる立案（計画）内容』

３．立案の指針

　地域の問題解決を例に活動の核となる「質の高い政策」を立案
するための３つの指針を説明します。

（１）問題起点で進める

　独自の答えを創り上げることが求められる地域の問題には、「前
例を重視する発想や過去の経験、先行事例などに過度に依存する

取り組み」では限界があります。問題解決において見受けられる“すぐに手段を求める姿勢”ではなく、まず、解決したい問題を明らかにする「問題起点」で取り組みます。対象とする問題の定義やその特徴を正確に把握することが効果的で、実現可能な対策づくりには必須です。

　立案の基本手順は、手段先行を避け、まず、①解決すべき問題を設定し、その解決のために②問題の実態や特性などの分析を通じて課題を設定し、③問題解決に効果的・実現可能な政策（対策）を立案し、④実施計画を策定する順に進めます。

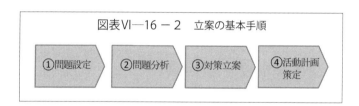

図表Ⅵ―16 － 2　　立案の基本手順

①問題設定　②問題分析　③対策立案　④活動計画策定

（2）立案の質を高める視点

　立案は手順に沿って行えば、成果（アウトカム）を出せる対策（政策）ができるとは限りません。“政策の質”が大切です。政策の質を高めるために、次の３つの視点を活用します。まず、㋐設定した問題が地域にとって重大（深刻）な放置できない問題であること。次に、㋑立案した対策（政策）が地域の問題解決に効果的であること。さらに、その対策（政策）は、㋒当該地域で実現可能であることの３つです。

　例えば、㋐の視点は、（1）－①の問題設定の段階で活用します。設定された問題を、地域にとって重大（深刻）で放置できない問題であることをステークホルダーと共有できる内容・表現に仕上げます。

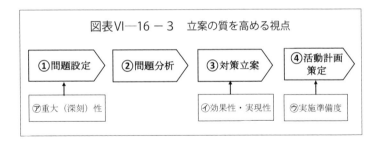

図表Ⅵ—16－3　立案の質を高める視点

①問題設定　②問題分析　③対策立案　④活動計画策定

㋐重大（深刻）性　　　㋑効果性・実現性　㋒実施準備度

（3）地域の実態に基づく立案の必要性

　目的に適した政策を立案するには、地域や問題の実態や特性、取り巻く環境に関する適切なデータ収集・分析から得た情報に基づくことが効果的です。実務においては立案内容がステークホルダーに理解され、承認してもらう必要があります。そのためには現場のデータや分析結果を、結論を支える理由として使うことが有効です。立案者の思い込みなどからではなく、事実・実態に即した提案であることが "伝わり"、理解され、承認されやすくなるからです。

《コラム㉗：実態にもとづく対策立案の例》

　「⓪目的」は、ミスが起きた問題の再発防止策の立案です。「①情報収集する」は、現場に行き、関係者にミスを起こした原因についてメモを書いてもらい、回収します。「②整理・分析する」では、集まったいろいろな原因を分類・整理します。次にメモに書かれている原因を起こした理由などを深掘りして「結果—原因のロジックツリー（参照：図表Ⅵ-15-5）」を作成します。この結果、ミスの原因として、a,b,c が洗い出されてました。これにより「③まとめる」は、a,b,c を起こさないための対策を立てます。ただし、この段階で最終決定とするのではなく、原因に漏れがないか。また、a,b,c はどれも同じ程度なのかを確認するた

めに、今一度、現場に行って「②整理・分析する」で作成したロジック
ツリーを関係者に見てもらい、漏れはないことと a,b,c 別の発生頻度を
確認します。例えば、漏れはないことが確認できたとともに、a,b,c の
中で、ｂの頻度が最も高く、a,c はかなり低いことが分かったことなど
です。この結果、最終的に、原因ｂを重点化することとし、それを防止
する対策に決めます。そして、「④表現する」では、結論（対策）と理
由（原因）を可視化します。（※「⓪」～「④」は《コラム㉔》で説明
した準備過程の順を表しています。）

4．立案で重視すべきこと

（1）問題を具体的に設定すること

　問題解決では、直面している（または将来直面するであろう）
問題を明らかにした上で、その解決に効果的・実現可能な対策を
立案することが求められます。よく見受けられるのが、問題を曖
昧にしたまま対策を考えてしまうことです。

　問題を具体的に設定するために、㋐目標（めざす姿、あるべき
姿）、㋑今、起きていること（または将来の見込み）、㋒起きてい
る（または将来、起こる）ことによって生じている（生じるであろ
う）不具合（影響）という３つの視点を活用します。それぞれの定量
的な情報を集め、問題の構造を描き、その深刻度を表現します。

　問題解決に慣れていない人やチームは、㋑だけ、かつ定性的な
情報で問題を描く場合が見受けられます。極端な場合は、自分の
思い込みを抽象的に書き込む場合もあります。このような表現で
は、何が問題なのか、なぜ、解決が必要なのかが伝わりません。

　こうして問題を具体的に設定することで、㋐問題の重大（深刻）
性が表現できます。そして、㋑解決すべき問題の対象が明確化で

きることから、⑰問題に適した分析が可能となります。その分析から得られた情報を活かすことで効果的・実現可能な対策を立案することができます。

（2）目標（めざす姿・あるべき姿）を具体的に描くこと

（1）－㋐の目標（めざす姿・あるべき姿）は一定期間内に達成したい成果を具体的に表現した「目印」と言えます。「(a) 何を（指標）」「(b) どのレベルへ（水準値）」、そして「(c) いつまでに（期限）」の項目を組み合わせて表現します。具体的な目標に対して、現状（今、起きていること）も具体的に把握することで、問題を具体的に表現できます。

（3）事実に基づき判断すること

事実情報を根拠にして判断することで効果的で実現可能な対策を創り上げることができます。事実を客観的に把握するためには現場、現物を観察するとともに、実務担当者に状況を確認することも重要です。事実情報を理由とした意思決定は、それを説明する際も聴き手にとって理解、かつ納得しやすい内容となります。

（4）対象を明確化すること

対象は具体的に表現します。例えば、「空き家」とするのではなく、㋐空き家の老朽レベル、㋑空き家の場所、㋒所有者の有無などを基準に分類することは対象を明確化することに役立ちます。また、㋐、㋑、㋒を組み合わせることで、全ての空き家を異なる特徴を持つ複数のグループに区分することができます。

複数のグループに分けることで、その中での重点化、優先順位化を可能とするので、解決すべき具体的な対象を絞り込み、明確化できます対象を明確化することで、特性に対応した具体的な対

策を立案することができ、その対策（政策）は問題解決に効果的で実現可能性の高い内容となります。

（5）固定観念にとらわれずに白紙の状態から発想すること

意識して固定観念を捨てることが必要です。直面している問題の特徴や問題を発生させている原因を具体的に整理した情報を活用して白紙の状態（ゼロベース）から対策案を発想します。これによって過去の経験、既存の枠組み・ルールなどに囚われることを回避でき、問題に対してより効果的、実現可能な対策を創ることができます。

（6）全体像をつかみ、全体最適化をめざすこと

問題は部分的にではなく、できるだけ全体像をつかむことが、より効果的、効率的な問題解決につながります。特定の部分に焦点を当てた対策案は部分最適になりやすい傾向がありますが、地域、組織、事業構造の全体像を見ながら全体最適化を検討することで、より革新的・抜本的な対策案が期待できます。

（7）代替案を策定し、評価・選択すること

対策立案においては複数の対策案（代替案）を考え、その中から最適な案を選択することは問題を解決するために効果的です。発想を拡げて複数の対策案を立案した後、評価基準に基づき評価した上で、対象の地域、組織にとって最も問題解決度の高い対策案を選びます。

（8）実現性を重視すること

対策案が"絵に描いた餅"にならないように、問題解決活動を停滞させたり、中止に追い込むようなリスクに対応できる活動を

立案に組み込むことや、万一、問題が発生した場合、迅速・適切な対処法を決めておくことは実現性を高めます。

図表Ⅵ─16─4　立案で重視すべきこと

①問題を具体的に設定すること
②目標（めざす姿・あるべき姿）を具体的に描くこと
③事実に基づき判断すること
④対象を明確化すること
⑤固定観念にとらわれずに白紙の状態から発想すること
⑥全体像をつかみ、全体最適化をめざすこと
⑦代替案を策定し、評価・選択すること
⑧実現性を重視すること

【事例３：問題解決に向かっている対話】

　　　以下の内容は問題解決に向かっているチーム対話の事例です。対話の質を高めることに効果的な部分を下線で示しています。

１．背景

　　　背景は１章の【事例１】と同じです。

２．対話内容

　Ａ：皆さん、定刻に集まっていただき、ありがとうございます。先日、メールでも事前に趣旨・背景について、ご連絡したように本日のミーティングの目的は問題設定です。リーダーの私が進行すると話しにくい人もいるでしょうし、私も発言したいので進行は全プロジェクトの事務局である企画課のＭさんにお願いし、そして、Ｔさんには意見や、まとめをホワイトボードに書き出す役割をお願いしています。

　Ｍ：企画課のＭです。Ａさんからお話があったように、本日は問題設定を中心に進めたいと思います。そのために皆さんにはＡさんのメールで事前準備として情報収集をお願いしておりましたので、それらを活用しながら意見を出して下さい。念のために対話中に心掛けていただきたい対話マナーをホワイトボードに張り出しておきます。

　　　まず、始める前に初対面の人もいると思いますので<u>Aさんから</u>
<u>メンバー全員について、ひとり一人の役割や期待を含めて紹介し</u>
<u>てもらえますか</u>。

A：了解しました。まず、Bさんは、長く防災に関わっています。防
　災の観点から空き家の問題についての意見を期待しています。次
　にCさんは窓口でいろいろな住民対応をしているので、空き家に
　ついての住民の意見やニーズについての情報を期待しています。

　　　　　　　------- 中略 -------

M：Aさんありがとうございました。わかりやすい紹介でした。では
　始めましょう。まず、Cさんはどのような情報を入手しましたか？

C：事前に空き家関連の情報を見てみました。それらによると空き
　家が増えているようで、多くの自治体で問題視されていて、国も
　含めていろいろな対策を進めていることが分かりました。

F：増えているとは<u>具体的にどの程度ですか</u>？

C：国土交通省のウェブサイトに国内の空き家増加についてのデー
　タがありました。配布しますね。

A：国全体ではなく、<u>うちの地域に関する具体的な情報はあります</u>
<u>か</u>？

E：私もそう思って、市の情報収集を試みましたが。空き家の実態
　を示す情報は見つかりませんでした。

H：私も市のデータ収集を試みましたがありませんでした。実態はどうなっているのでしょうか？

B：ところで空き家バンクの活用はどうですか？

D：空き家バンクは広く活用されているようです。私は賛成です。

E：私は、空き家バンクより空き家税の導入の方がいいと思います。

D：Eさん、反対するのであれば、その理由を説明してください。

A：皆さん、ちょっと待ってください。本日の目的は問題設定です。空き家バンクや空き家税は対策です。この後の対策段階で詳しくお聴きしますので少々お待ちください。Tさん、忘れないように別のホワイトボードにメモしておいて下さい。

B：了解しました。空き家バンクはどこかの市が導入していたことを思い出したので忘れないうちにと思い、発言しました。

M：では、本題に戻りましょう。

G：問題についてですが、空き家は当市にとって問題なのでしょうか？　プロジェクトを立ち上げる必要がありますか？

E：うちの市は今まで、いろいろなプロジェクトをやってきたけれど、その目的が曖昧なまま進んでいるものがあります。

H：例えばDXね。それでどんな問題を解決するのか、DXで何が

　　　　良くなるのか曖昧じゃないですか？

　　Ｆ：空き家が問題とされていますが、他の地域が問題としていると
　　　　か、特定の人が問題と言っているだけじゃないですか？

　　Ｂ：確かに。まず、<u>空き家が市として問題なのかを明確にする必要</u>
　　　　<u>がありますね</u>。

　　Ｇ：先ほど、空き家が増えているという話がありましたが、空き家
　　　　が増えるから問題なのでしょうか？

　　Ｍ：<u>空き家によってもたらされる影響を洗い出すのはどうでしょう</u>
　　　　<u>か</u>？

　　Ｈ：影響って何ですか？　<u>具体的にどういうことですか</u>？

　　Ｅ：例えば、空き家からの異臭などの苦情はどうでしょうか。窓口
　　　　に相談に来た人がいました。

　　Ｃ：空き家があることによる地域への弊害などですか？

　　Ｍ：空き家があることによる影響として他にはどのようなものがあ
　　　　りますか？

　　Ｆ：老朽化している空き家は地震が起きたときに倒壊の危険性があ
　　　　ります。○地区の空き家は老朽度が激しく、通りに面しています
　　　　から避難経路をふさぐことが考えられます。写真を撮ってきまし
　　　　た（携帯を見せる）。

Ａ：空き家の件数だけでなく、<u>その影響も洗い出すことも問題設定に必要</u>ということですね。

------- 中略 -------

Ｍ：問題設定に関連する意見がたくさん出ました。一度、整理しましょう。

Ｔ：今まで出た意見を<u>「空き家の現状」と「空き家による影響について」に区分して</u>ホワイトボードに書き出してみますね。

Ｍ：（Ｔさんの表が完成後）Ｔさんが分かりやすく書き出してくれました。それぞれに漏れはありませんか？

------- 中略 -------

Ｄ：でも、どの地域に空き家が何件あって、将来、どの程度増えるかの具体的なデータはないんですよね。

Ｅ：具体的なデータも必要ですね。例えば、地域別に何件あるかですかね。

Ｍ：<u>地域の実態や将来予測など具体的な情報が全くない状況では先に進めません。</u>まずは<u>上記の具体的な情報を手分けして、集めて実態を把握しませんか？</u>

Ｅ：空き家の現状を調べて、<u>その影響を具体的に把握し、それが市として重大なのか、プロジェクトで解決すべきなのかを確認しま</u>

しょう。Aさんどうですか？

A：プロジェクト化しているのに前段階に戻るようですが、プロジェクトの意義を確認することは我々にとっても重要と思います。

------- 中略 -------

H：空き家にもいろいろなものがありそうですね。我々はどのような空き家を対象にするのか決める必要はありませんか？

C：<u>対象の明確化</u>ですね。それができれば、対象の情報収集や分析をして、そこから具体的な対策が立てられますね。

F：空き家で問題なのは、老朽化が進んでいるものです。「特定空き家」も含めて市内の全ての空き家を老朽度で空き家を分類するのはどうでしょうか。

D：<u>「特定空き家」</u>とは何ですか？

A：「特定空き家」とは、空き家の活用や処分について 2015 年に施行された「空家等対策の推進に関する特別措置法」で記載のある近隣に影響を及ぼし早急な処理が必要な空き家のことです。次の要件を満たす空き家です（以下略）。

C：老朽度のレベルを把握することで、老朽化させない方法など、空き家の特徴に合った様々な対策が出てくる可能性があります。そうすることで対象が、より具体的になり、効果的な対策になる気がします。

Ｍ：地域別の情報もあったほうがいいと思うので、地域別老朽度別
　　で実態を把握しませんか？

------- 中略 -------

Ｍ：他に必要な情報ありますか？

Ｂ：なぜ、空き家が発生するかの原因も知っておいたほうがよくあ
　　りませんか？

Ｃ：ちょっと待ってください。今回は問題設定について話し合うの
　　が目的ではないのですか？

Ｍ：確かにＣさんの言う通りです。そうですが、皆さんの事前準備
　　のおかげで、問題設定に必要な項目が確認できました。ただし、
　　その情報がないので調査しなければならないことまで進みまし
　　た。どのように進めるかは最後に決めるとして、まだ時間があり
　　ますので関連する情報として重要な「空き家の発生原因」の洗い
　　出しをしませんか？

全員：賛成。

Ｔ：ツリー図で原因をホワイトボードに書き出しましょうか？

------- 中略 -------

Ｍ：（ツリーを見ながら）多様な原因が洗い出せましたし、原因を

深掘りした内容も描かれました。原因の漏れも含めてツリーの確認をしましょう。

------- 中略 -------

Ａ：発生原因などは今後の空き家の発生防止に役立つ情報のようですが、<u>視点を変えて</u>、今ある空き家を活用する観点から必要な情報を洗い出すのはどうでしょうか？

Ｄ：空き家の活用は市の地方創生戦略で掲げている戦略、例えば移住促進、新規ビジネス創造、ワーケーション推進などに活かせるかもしれませんね。

Ｅ：まず空き家の利用ニーズなどを知りたいですね。

Ｍ：今まで空き家の予防面と活用面の方向性が出てきましたので、それを前提にした情報を洗い出しましょうか？

------- 中略 -------

Ｇ：これらのデータ名や分析項目はチームとして提案する対策を考えるための情報になると思いますが、そのためには<u>当市の空き家に対する既存施策とその評価も必要ではありませんか？</u>　同じ政策を提案しても意味がありませんから。

Ｈ：それなら県や国の施策も調べておく必要もありますね。

------- 中略 -------

Ｍ：本日はお疲れ様でした。Ｔさん、<u>本日の決まったことと次回まで</u><u>でに必要な活動を書き出してください。</u>

Ｔ ： 了解しました。

Ｍ：（書き出し後）ありがとうございます。この内容で書き漏れや表現におかしな点はありませんか？

全員：ありません。

Ｍ：無いようですので、<u>次に活動別に分担と納期を決めます。</u>Ｔさん、決まった担当者と納期を活動の横に記載してください。まず、「項目①」は所属の情報を集めることになるのでＡさんでいいですか？　納期は（以下略）。次に項目②は（以下略）。

Ａ：活動内容別の担当者と納期が整理できました。

Ｍ：<u>ホワイトボードの内容は後ほど送付しますので内容を確認して</u><u>下さい。不明点などありましたらご連絡下さい。</u>

Ａ：最後に、この活動はチームとしての活動ですので、<u>ひとり一人</u><u>の活動中に何か問題が出ましたら早めにご連絡ください。</u>その都度、<u>チームとして対応を検討します。</u>本日はお疲れ様でした。

------- 以下略 -------

3．事例の解説

上記の事例を対話面と問題解決面から解説します。

（1）対話面

まず、対話の開始にあたって、㋐事前に参加メンバーに目的や事前準備の依頼を通知しています。その結果、㋑参加メンバーも情報収集し、関連資料を用意するなど準備しています。当日はスタートする前に改めて、㋒目的を確認しています。そして、対話の効果的、効率的展開に向けて、㋓対話マナー遵守のために見える化をしています。また、㋔初対面の参加者がいるので、参加メンバーとしての役割（なぜ、メンバーとして選ばれたか）を中心に紹介し、互いの理解を深め、話しやすい雰囲気をつくっています。こうした話しやすい環境づくりとして、ひとり一人の役割紹介や議論の視点の提案については【事例２】を参照して下さい。加えて、㋕円滑な対話を進めるために、役割分担（進行、板書）を決めています。

「対話中」では、㋖出てきた一般論に対して、地元の情報を引き出そうとしています。ただし、実際には存在しないので、今後調査することを決めました。次に、㋗抽象的な表現に対しては具体化を、㋘結論を支える理由を意識し、㋙反論への説明を求めるなど意見がかみ合うように取り組んでいます。そして、出てきた意見について、㋚適時、意見をまとめています。そのまとめ方では、㋛目的に沿った視点、フレームワーク、ツリー図などを活用して、見える化し、㋜まとめの共有を図るとともに、㋝漏れの確認もしています。

また、対話の展開は、㋞目的を意識しており、㋟話が横道にそ

れた（対策の話題に傾きかけた）場合は、軌道修正を図っています。なお、㋑原因の話になりかけた時は、一定の話が出ていることと、まだ時間があることなどから、話題の転換を全員で確認するなど状況に応じた対応をしています。そして、㋡ある程度の意見が出つくした後は、今後の活動を念頭に意見を広く集めるようにしています。例えば、㋗原因だけではなく、視点を変えて、空き家の活用を想定して議論し、次につながる意見交換を行っています。

　「対話全体」を通して、㋣参加メンバー全員が参加しています。そして、㋠進行役に依存せずに全員が交通整理に関わり、効果的、効率的な進行に貢献しています。

　「まとめ」では、㋥本日のまとめを共有しているとともに、㋨次回へ向けて具体的な活動、分担、納期を共有しており、次のチーム対話の効果的・効率的な展開が期待できます。

（２）問題解決面

　本来は問題を前提としてプロジェクトが立ち上がるのですが、当チームはプロジェクトありきではなく、空き家が市としての重大な問題なのかを確認しようとしています。このようにプロジェクトの拠り所を明確にすることは、メンバーを動機づけるだけではなく、対話の結果をステークホルダーへ報告する際にも大切であり、プロジェクトありきではなく、問題起点の取り組みとなっています。

　問題を解決するスタートとして、当該地域の現状把握や分析を重視しています。さらに現在、そのデータがないことからデータ収集からはじめようとしています。【事例１】のように手段ありきにならず、問題起点・実態重視のアプローチをとることが重要です。

おわりに

　本書は、答えを創り上げる地域の問題解決の経験が少ない人たちが集まったチームにおいて、初対面のメンバー間で行う対話を効果的（目的に適した成果）、効率的（短い時間）に進めるための提案です。

　複雑な地域問題の解決には、個人や個別団体では限界があるため、多様な主体による協働が取り組まれています。協働では多様なメンバーによる対話から生み出される最善策が期待されています（I編）。ただし、協働において問題を解決できる最善策を生み出すには一定の条件・環境が必要なのですが、現状のチーム対話の多くがその条件・環境を満たさないで進められていることから期待した成果を生み出せないでいるプロジェクトが多く見られます（II編）。そうした残念な対話となってしまっている背景を洗い出し、それらを深掘りしながら整理し（III編）、課題を設定しました（IV編）。その上で残念な対話の見直しに、集団による知恵を生み出すチーム対話の条件・環境整備の方法について提案をしています（V編）。

　本書は質の高いチーム対話の実現を目的としていますが、チームが目的を実現するために参加メンバーひとり一人に求められるチーム対話への参加姿勢と能力強化についても重視し、その方法も提案しています（VI編）。ひとり一人の姿勢と能力強化が質の高いチーム対話を支える基盤であることに気づき、チーム対話に貢献できる適切な行動をとるための提案です。特に、答えを創り上げていく地域の問題解決に慣れていない人や、ひとり一人に求

められる目的的に考え、まとめ、伝え・共有することに苦手意識を持つ人が前進するための提案です。

　本書の内容は、筆者が多種多様な組織や地域において、様々なプロジェクトを通じてメンバーの能力開発をサポートした経験をベースにしています。当初、苦手意識があり、何を準備すればよいのか、チーム内で何を発言すればいいのかに不安を持っていたメンバーが、プロジェクトを通じて変化した人材を多く観察してきました。積極的に、かつ的確な発言をし、目的的な成果物を創り上げるようになった変化の背景にある要因を整理し、それらを標準化し、本書の提案に組み込んでいます。

　現在、そして今後、地域問題解決型プロジェクトチームに選ばれた人は地域問題を解決したい想いの実現に向け、チームメンバーとして期待された役割を果たすために 11 章から 16 章の内容を活動ガイドとして活用し、集団による最善策を生み出せるようにチーム対話に貢献することを望みます。

　最後に、答えを創り出す問題解決型業務は今後、増加します。かつ、その業務は多様なメンバーで構成されるチームとして展開されます。チームでの問題解決型業務の経験が少ない人は、本書を活用しながら基礎力を高めるとともに、経験を積みながら状況に対応する能力を強化することを期待します。

参考文献

有馬淑子（2019）『集団と集合知の心理学』ナカニシヤ出版

ウェストン．アンソニー（2019）古草秀子訳『論証のルールブック（第5版）』筑摩書房

小野田博一（2006）『13歳からの論理ノート』 PHP研究所

小野田博一（2009）『仕事ができる人の論理的に考え、書く技術』東洋経済新報社

大竹文雄（2019）『行動経済学の使い方』岩波書店

オリヴィエ・シボニー（2021）野中香方子訳『賢い人がなぜ決断を誤るのか？』日経BP

カーネマン．ダニエル（2014）村井章子訳『ファスト＆スロー（上・下）』ハヤカワ・ノンフィクション文庫

川合伸幸（2022）『認知バイアス大全』ナツメ社

佐藤郁哉（2008）『質的データ分析方法 - 原理・方法・実践』新曜社

佐藤耕紀（2022）『今さらだけど、ちゃんと知っておきたい「意思決定」』同文舘出版

サンスティーン．キャス 他（2016）田総恵子訳『賢い組織は「みんなで決める」リーダー のための行動経済学』NTT出版

サンスティーン．キャス（2021）吉良貴之訳『入門 行動経済学と公共政策 ナッジからはじまる自由と幸福論』勁草書房

シボニー．オリヴィエ（2021）野中香方子訳『賢い人がなぜ決断を誤るのか？』日経BP

シャーロット．ターリ（2019）上原直子訳『事実はなぜ人の意見を変えられないのか - 説得力と影響力の科学』白揚社

ジャニス．L．アービング（2022）細江達郎訳『集団浅慮 政策決定と大失敗の心理学的研究』新曜社

情報文化研究所（2021）『情報を正しく選択するための認知バイアス事典』フォレスト出版

鈴木宏昭（2020）『認知バイアス 心に潜む不思議な働き』講談社

スロウィッキー．ジェームズ（2006）小高直子訳『「みんなの意見」は案外正しい』角川書店

ソーヤー．キース（2009）金子宣子訳『凡才の集団は孤高の天才に勝る 「グループ・ジーニアス」が生み出すものすごいアイデア』ダイヤモンド社

高橋昌一郎他（2021）『楽しみながら身につく論理的思考（別冊ニュートン）』ニュートンプレス

高木敏行他(2022)『科学的論理思考のレッスン』中央経済社

多田洋介（2014）『行動経済学入門』日本経済新聞出版社

トゥールミン．スティーブン（2011）戸田山和久・福澤一吉訳『議論の技法 トゥールミンモデルの原点』東京図書

戸山田和久（2020）『思考の教室：じょうずに考えるレッスン』NHK出版

戸山田和久（2011）『「科学的思考」のレッスン 学校では教えてくれないサイエンス』NHK出版

苫野一徳（2017）『初めての哲学的思考』 筑摩書房

仲野徹（2021）『考える、書く、伝える 生き抜くための科学的思考法』講談社

新岡優子(2008)『システム開発現場のファシリテーション メンバーを活かす最強のチームづくり』技術評論社

ニスベット．E．リチャード(2017)小野木明恵訳『世界で最も美しい問題解決法 - 賢く生きるための行動経済学、正しく判断するための統計学 -』青土社

野中郁次郎（2003）「知識国家の構想」野中郁次郎・泉田裕彦・永田晃也編著『知識 国家論序説』

東洋経済新報社

野中郁次郎他（2003b）『知識創造の方法論　ナレッジワーカーの作法』東洋経済新報社

野内良三（2010）『発想のための論理思考術』NHK 出版社

野矢茂樹（2006）『新版　論理トレーニング』産業図書

波頭亮（2019）『論理的思考のコアスキル』筑摩書房

バーバラ．ミント（1999）山崎康司訳『新版　考える技術・書く技術 – 問題解決力を伸ばすピラミッド原則 –』ダイヤモンド社

ピンカー．スティーブン（2022）橘明美訳『人はどこまで合理的か（上下）』草思社

ヒース．ジョセフ（2022）栗原百代訳『啓蒙思想 2.0〔新版〕政治・経済・生活を正気に戻すために』早川書房

藤田政博（2021）『バイアスとは何か』筑摩書房

藤垣裕子（2008）「ローカルナレッジと専門知」飯田隆編『岩波講座　哲学 4 知識 / 情報の哲学』岩波書店

福澤一吉（2007）『わかり合う対話 10 のルール』筑摩書房

福澤一吉（2018）『新版　議論のレッスン』NHK 出版

堀公俊（2004）『組織を動かすファシリテーションの技術「社員の意識」を変える協働促進マネジメント』PHP 研究所

三浦俊彦（2010）『本当にわかる論理学』日本実業出版社

武藤博已（2003）「3 政策プロセスの考え方」岡本義行編『政策づくりの基本と実践』法政大学出版局

村上靖彦（2023）『客観性の落とし穴』筑摩書房

矢代隆嗣（2017）『自治体の政策形成マネジメント入門』公人の友社

矢代隆嗣（2022）『実務者のための “アウトカム重視” の政策立案と評価　地方創生に活かす政策形成の基本』公人の友社

安田正（2003）『会議力トレーニング』日本経済新聞社

山野弘樹（2022）『独学の思考法 地頭を鍛える「考える技術」』講談社

【著者紹介】

矢代　隆嗣（やしろ・りゅうじ）

㈱アリエール・マネジメント・ソリューションズ　代表取締役
コンサルティングファームにて、業務構造（組織・業務・人材・管理システム）改革、
行政評価などのコンサルティング活動後、㈱アリエール・マネジメント・ソリュー
ションズ設立する。キャパシティ・ビルディング・マネジメントをテーマに民間企業、
行政機関、非営利団体へのコンサルティング、研修を中心に活動している。市町村
アカデミー講師、日本行政学会、日本地方自治学会所属。法政大学大学院公共政策
研究科博士後期過程終了、ニューヨーク大学行政大学院（MS：国際公共期間マネジ
メント）修了、エディンバラ大学経営大学院（MBA）修了。

主な著書として、『実務者のための“アウトカム重視”の政策立案と評価：地方創生
に活かす政策形成の基本』（2022年）、『NPOと行政の協働事業マネジメント：共
同から“協働”により地域問題を解決する』（2020年）、『ひとりでできる、職場で
できる、自治体の業務改善：業務時間の創出と有効活用』（2018年）、『自治体の政
策形成マネジメント入門』（2017年）、『自治体プロジェクトマネジメント入門：協
働による地域問題解決の手法とツール』（2016年）、『地域主体のまちづくりで「自
治体職員」が重視すべきこと：事例に学び、生かしたい5つの成果要因』（2015年）、
『NPOと行政の《協働》活動における“成果要因” 成果へのプロセスをいかにマネ
ジメントするか』（2013年）以上公人の友社、『プログラム評価入門（共訳）』（梓出版、
2009年）など。

協働を活かす"アウトカム重視"のチーム対話
全員で創り上げる多様な意見がかみ合い、深まる対話の進め方

2023 年 9 月 27 日　第 1 版第 1 刷発行

著　者　　矢代　隆嗣
発行人　　武内　英晴
発行所　　公人の友社
　　　　　〒112-0002　東京都文京区小石川 5-26-8
　　　　　TEL 03-3811-5701　FAX 03-3811-5795
　　　　　e-mail: info@koujinnotomo.com
　　　　　http://koujinnotomo.com/
印刷所　　モリモト印刷株式会社